U0090672

中國學術思想

研究輯刊

二二編

林慶彰 主編

第11冊

孟子「中道」思想研究

董祥勇 著

花木蘭文化出版社

國家圖書館出版品預行編目資料

孟子「中道」思想研究／董祥勇 著 -- 初版 -- 新北市：花木蘭
文化出版社，2015〔民104〕
目 2+174 面：19×26 公分
（中國學術思想研究輯刊 二二編；第 11 冊）
ISBN 978-986-404-368-2（精裝）
1.（周）孟軻 2. 學術思想 3. 先秦哲學
030.8   104014681

ISBN- 978-986-404-368-2

中國學術思想研究輯刊
二二編　第十一冊　　　　　　　　ISBN：978-986-404-368-2

孟子「中道」思想研究

作　　者　董祥勇
主　　編　林慶彰
總 編 輯　杜潔祥
副總編輯　楊嘉樂
編　　輯　許郁翎
出　　版　花木蘭文化出版社
社　　長　高小娟
聯絡地址　235 新北市中和區中安街七二號十三樓
　　　　　電話：02-2923-1455／傳眞：02-2923-1452
網　　址　http://www.huamulan.tw 信箱 hml 810518@gmail.com
印　　刷　普羅文化出版廣告事業
封面設計　劉開工作室
初　　版　2015 年 9 月
全書字數　155170 字
定　　價　二二編 22 冊（精裝）新台幣 40,000 元

孟子「中道」思想研究

董祥勇　著

作者簡介

董祥勇（1980～），男，江蘇鹽城人，哲學博士，淮陰工學院人文學院副教授，南京信息工程大學中國哲學與文化研究所兼職研究員，淮安市哲學學會理事，研究方向爲先秦哲學、中西文化比較。曾在《學術月刊》、《湖北社會科學》、《理論與改革》、《蘭州學刊》等刊物發表論文20餘篇。

提　要

　　在孟子繼承與發展儒學的努力中，「中道」乃是他的思維進路和基本方法，更是儒學本旨下的價值理想；而作爲哲學觀念，「中道」則是孟子哲學理論的重要內容，也滲透於其中的所有環節和領域。身爲「中庸」的具體形態，「中道」的內涵無疑與之具有一定的共性，但是，獨特的歷史境遇及其個人的理論風格，又決定了孟子視域內的「中道」有其特質。

　　性善是孟子哲學中較具特色的主張，也是「中道」的基本依據。爲他所力主的性善，固然充滿著濃鬱的先天既成色彩，但卻並沒有排斥其後天生成性，「擴而充之」亦是性善的重要維度，是「中道」視野中性善的本有意向。作爲「四端」之一的「是非之心」，是智的根本內容，智則是其展現形態，它是認識論上的，更是價值論上的，而是否智，乃是能否「中道」而行的內在機制。「禮」是性善論的重要內容，本於「中道」爲訴求，禮背後所挺立的，乃是德性與其價值，然禮及其存在又具有相對性，故孟子又有較爲明顯的納禮於「權」傾向。

　　孟子就德行的主張，是以德性爲其旨的，但「中道」精神在德行層面的鋪展，又使之相應地更爲複雜。他對聖凡關係進行了考察，尤其是主張正視「狂」和「狷」，認爲可以經由價值的塑造，使兩者趨近於「中道」。至於德行中的義利關係，義首先被視爲重要的道德因素，然而，面對現實的利（功），孟子又主張相對地顧及，從中也閃耀著「中道」的影子。己與群的關係，涉及德行如何展開的問題，孟子也力圖於其中貫徹「中道」理念，從利的層面而言，群利更多屬於義的維度，因而個體應服從群，自德性的層面而言，個體之德與群德可良性互動。

　　至於「中道」在社會發展層面的推展和目標，顯然是集中於王道的。民是政治實踐的焦點，有見於民及其作用，孟子重視德性教化對民之「恒心」的必要性，但又正視利對民的重要意義。君臣關係的處理，也是王道的重要環節，在「中道」精神下，孟子坦承君臣在「位」上的高下，但他卻有著相當的以德定「位」的傾向，使君臣之間多了幾分複雜性。王道的主體，則是富有道德的王，即內聖是王的德性本質，所以，尊王賤霸是孟子的根本立場，然而，他又並未絕然否定霸及其意義，相反，霸可以實現向王的上達，這也成了「中道」的有力注腳。

　　仁義乃孟子哲學的德性之本，也是「中道」的德性支點，自其道德實質而言，「中道」與仁義是二而一的。具體來說，仁和義源自於天道，是本就內在於人的，不過，它們又是在人的道德踐履中，彰顯自身及其價值的。天人之際的互動與協調，也是「中道」的首要原則和終極目標，天人合一是孟子哲學的總旨，天與人之間的互動蘊含並展現著「中道」，同時，更是後者進一步展開的本體論前提和判斷準則。

　　「和」也是「中道」的重要內容和目標，體現了對不同性質的「端」的統一性的追求，然而，「中道」意義上的「和」，並不是純粹形式層面的，而是有道德的剛性品格作支撐的。缺乏剛性內質的「和」，實際上就是「鄉愿」，與「中道」有本質的差異，揭露並批判「鄉愿」的最佳途徑，便是如孟子所說的「反經」。無視這一點，將易陷入認識上的誤區，而「中庸」（「中道」）曾經的歷史命運，也作出了相應的佐證。

目次

第一章 「中道」與有關「中」的思想

作為哲學觀念，「中道」是孟子思想中的重要內容。「中道」精神是《孟子》文本的織建性因素，更是孟子哲學思想的基本理路。與其他理論或觀念一樣，「中道」也是歷史的產物，它繼承和發展了儒學有關「中」或「中庸」的思想，但同時，也從以「異端」形態出現的道、墨兩家的有關思想中，汲取了積極的因素，從而成就了既契合「中庸」精神又具有時代色彩和個人品質的「中道」思想。

第一節　孟子「中道」思想及其地位

在儒學發展史上，孟子是繼孔子之後，對儒學及其發展有著非常重要貢獻的哲學家之一。毋庸諱言的是，相比於孔子對儒學的原創性貢獻，孟子的哲學思想無疑是對前者的承續，與儒學的基本精神或信念相契合，這是孟子哲學理路的根本之所在，故此，他被冠以「亞聖」〔註1〕的尊號；不過，自孟子思想的內容而言，它於繼承中又不乏創新和發展，尤其是心性論路向的凸

〔註 1〕 不容忽視的是，身為儒學發展史上的重要人物，孟子起初更多地被置於與荀子同等的地位。《史記》將孟子和荀子放在一起立傳，並以「孟子荀卿列傳」名之，其中所透露的是，孟子在儒學史上的地位，並不是以孔子為參照的，而是以荀子為類比對象的。但是，隨著儒學的進一步發展，孟子的地位被不斷地提升，從其淵源而言，「亞聖」的最初形態——「亞聖公」是由官方加封的，年代大概在元朝至順元年（即公元 1330 年）。但是，後來作為孟子的代名詞的「亞聖」，儼然褪去了其政治色彩，更多地成為學術地位的象徵，其內在的涵義是，突出孟子在儒學發展史上的地位，當然，這乃是以孔子對儒學的貢獻及其地位為參照的；而與孟子地位的提升過程相伴隨的，便是荀子在儒學發展史上影響的逐漸暗淡。

顯，更是以儒學發展中的嶄新樣態呈現的，而與此相應，其濃鬱的德性至上傾向及理想主義色彩，則又使孟子被視爲「迂遠而闊於事情」〔註2〕的典型。概言之，他固然自學脈上繼承其先的儒學思想，尤其是孔子的哲學思想，但是，孟子本人的哲學理論，卻也內含了豐富的具有原發性品質的內容，而正是後者鑄就了他在儒學發展史上的地位。

至於儒學的重要觀念，無疑「中庸」便是其中之一，因爲不論是方法論層面上的，還是本體論層面上的，儒學都是以「中庸」作爲其必需的原則和內在理據。就其思想實質而言，相對於仁（義），「中庸」更加突出靈活性和變通性，這是它自方法層面，爲前者所提供的有力保障，也是其特色之處；但是，靈活性和變通性又是有其內在的原則和本質的，即必須契合仁（義），因而在一定意義上，「中庸」是與仁（義）相合一的，換言之，「中庸」並不是單純的方法問題，而是有其本體意義的。作爲「中庸」的特定形態之一，「中道」是爲孟子所力倡的，在孟子的理論體系中，它幾乎滲透並體現於各個方面，可以這麼說，一方面，「中道」與「中庸」必然有著一定的共性，另一方面，「中道」也獲得了有其自身特色的內容。

作爲一個名詞，在整部《孟子》文本中〔註3〕，「中道」共出現了三次。「君子引而不發，躍如也。中道而立，能者從之。」〔註4〕這是孟子在與公孫丑對話時所表達的立場，因爲後者對達「道」的可能性表示出一定的懷疑，進而力圖另覓「可幾及」（具有更切實的實現可能）者以代替「道」，亦即使人通過努力而可以實現的目標。但依孟子之見，一方面，不論是相對於日常踐履，

〔註2〕《史記·孟子荀卿列傳》

〔註3〕至於作爲文本的《孟子》與作爲人物的孟子之間的關係，不外有如下三種觀點：文本完全出於孟子本人之手（《孟子注疏·孟子題辭》：「此書孟子之所作也，故總謂之《孟子》。」）、文本是孟子和其弟子合作的產物（《史記·孟子荀卿列傳》：「孟軻乃述唐、虞、三代之德，是以所如者不合。退而與萬章之徒序《詩》《書》，述仲尼之意，作《孟子》七篇。」）、文本純粹是由孟子的弟子以追述的方式完成的（《韓愈全集·雜著·答張籍》：「孟軻之書，非軻自著。軻既歿，其徒萬章、公孫丑，相與記軻所言焉耳。」）。雖然這三種觀點各有其支持者，但是，《孟子》文本基本反映了孟子的思想，這一點在儒學發展史上可以說是共識，所以，作爲文本的《孟子》，便成了研究孟子思想的重要依據。此外，這裡順便說明的是，對於《老子》文本與老子的關係、《墨子》文本與墨子的關係，本文也將採取類似的處理方式，即認爲相關文本基本反映了人物的思想，因而不再對有關內容作歷史層面的考察。

〔註4〕《孟子·盡心上》

還是與人的後天努力相比照，作爲目標或理想的「道」，不能排除其相應的崇高性或不可企及性，不過，另一方面，「道」本身也具有現實踐履層面的意義，它不僅僅是一個純粹的價值目標，相反，價值目標卻是必須自踐行的過程及其結果中提拔出來的，故此，「道」也必然是在人的德行中展示自身的存在和意義的。質言之，孟子持「中道」的立場，乃是有見於「道」之超越與內在的合一的，主張只要能夠切中於「道」而行，便可以在過程性的努力中，不斷地提升道德境界。另外兩處則集中於他對孔子相關言論的闡發，「孔子『不得中道而與之，必也狂獧乎！狂者進取，獧者有所不爲也』。孔子豈不欲中道哉？不可必得，故思其次也。」〔註5〕與孔子的相關立場近似，相對於狂和獧，孟子也視「中道」爲最高的理想，並以「中道」精神觀照狂和獧，進而在正視後者的基礎上，力圖於現實中展開「中道」；由於相關內容將在下文中作更爲深入的論述，故於此不作贅言。

當然，作爲一種哲學觀念，「中道」的意義又並非限於名詞自身，而是更多地以思想和精神的形態，貫穿並體現於孟子哲學體系的所有領域，滲透於《孟子》文本的字裏行間。不妨這樣說，自字義層面而言，孟子顯然是將「中道」視爲聖人的理想品格，及其現實展開所不可或缺的構成性內容；若是自哲學理論構思的進路而言，則他又是將「中道」作爲理想的織建性因素，幾乎滲透於其思想理論的所有環節和內容（如仁義、君臣、王霸等）之中。總之，「中道」是孟子思想中具有重要意義的觀念，它是孟子的哲學理論得以展開所必需的主線，而這根主線又是以德性作爲其本旨的。

第二節　與「中道」有關的「中庸」思想

慮及「中道」與「中庸」的關係，那麼，如欲深入考察「中道」思想，便不可避免地要挖掘後者的發展史。不容爭辯的是，孔子既是儒家學派的開創者，也更是其先儒學思想的集大成者，而力倡「中庸」則是他的主要貢獻之一；但是，有關「中庸」的思想卻並非源自於孔子，因爲在前孔子時代，

〔註5〕《孟子・盡心下》。在《論語》中，孔子的原話是：「不得中行而與之，必也狂狷乎！狂者進取，狷者有所不爲也。」（《論語・子路》）而孟子之所以以「中道」替換「中行」，一方面固然表明「中道」與「中行」具有共性，兩者都是「中庸」的具體形態或組成部分，而另一方面，也更加彰顯他對「中道」的突出，相對於「中行」，「中道」是更具時代意義和孟子思想特色的內容。

它業已以一定的理論形態展現出來，《論語》則更多地是對之作了較爲集中、明確的論說。當然，以「中庸」命名的《中庸》文本的相關內容，在「中庸」思想發展史上的地位亦是不言自明的；而作爲孟子之先儒學發展的重要形態，荊門郭店楚簡中儒家的相關內容，也是深切「中庸」之旨的。

1、《論語》之前與「中庸」相關的思想

與儒學的發展進程相一致，有關「中庸」的思想，更恰切地說，是有關「中」「時」「和」等觀念〔註6〕的思想，在孔子和《論語》之前，已經有了其存在與發展的歷史，而這些思想對於「中庸」及整個儒學的發展，是有著一定的原初性意義的。

首先，「中」的思想，可以自古人有關類似於對舉的論述中一窺其源。「陽伏而不能出，陰迫而不能蒸，於是有地震。」〔註7〕以陰陽的關係來解釋地震，顯然體現了兼及兩端的理路；而「物生有兩」〔註8〕，則是對這些思想的總體概括，其中所突出的是，對於事物的生成和發展而言，不同性質的「端」具有重要意義。在《尚書》中，也有大量關於「中」的話題，並且，除了「叩其兩端」層面上的意義之外，也突出「中」的切中、恰當之義。在《呂刑》篇中，特別強調「刑之中」，即刑法的制定和執行，必須切合一定的原則，絕對不能刑出無名、刑行無由；而在道德性方面，《尚書》也有相關的立場，「爾克永觀省，作稽中德。」〔註9〕要求人們通過德性的反省，以使自身契合於道德。至於是否能夠做到「中」，其關鍵性的力量又在於人，「非天不中，惟人，在命。」〔註10〕即是人與「命」的互動，成就了「中」。當然，「中」的典型特徵之一，仍是對問題的不同方面的權衡，避免走向極端，是「中」的必然之義，「汝分猷念以相從，各設中於乃心。」〔註11〕也就是說，以無過無不及之「中」，作爲行動的基本原則存於心中，才能在行動上恰到好處。《詩經》

〔註6〕誠如本節第2部分將要指出的，「中庸」一詞是孔子第一次使用的，首見於《論語·雍也》。但是，作爲哲學觀念，「中庸」是有其史前史的，而作爲其重要內容的「中」「時」「和」等思想的發展，便對「中庸」之被提拔出來具有積極意義。

〔註7〕《國語·周語》

〔註8〕《左傳·昭公三十二年》

〔註9〕《尚書·酒誥》

〔註10〕《尚書·呂刑》

〔註11〕《尚書·盤庚》

中亦曾曰：「不競不絿，不剛不柔。敷政優優，百祿是遒。」〔註12〕「不剛不柔」等顯然是要在對立面中，覓獲具有統一性質的交點，而統一性的具體形式則是不偏不倚，在此意義上，不妨說它有著鮮明的「中」的適度性的追求，這與「中庸」思想之強調合宜性是可以類比的。

誠若上述所言及的，「時」也是「中庸」（「中」）的應有之意之一，它意在突出隨時以變的重要性，強調必須於動態的過程中實現「中」。《詩經》有曰：「我其夙夜，畏天之威，於時保之。」〔註13〕亦即是說，要依其時來處理人與天的關係，有見於天相對於人所具有的意義，從而要求人的作為必須適恰於「時」，這與「故作大事，必順天時」〔註14〕的意蘊具有一致性，也就是以「時」對人之作為的合理限度作了相應的規定。而《易經》中的卦、爻所體現出的「中」的思想，也是關注於「時」的典型，「全部《易經》，說時字的幾乎無卦不有。」〔註15〕不過，其中固然突出變易性，但是，於變易中把握其性質，並進而促進良性的發展，才是「時」的意義所在。當然，《易經》中的「時」的對象，已經不再限於「天」的層面，而是有著向人的層面拓展的意味，因此，它相對更突出人的能動性及其作用，從而也有益於防範單向誇大天「時」的可能。

至於「中」的總體目標，類似於後來的儒學思想，也是指向「和」的，而且，作為「和」之綱宗的「和而不同」的雛形，便是在前《論語》時代出現的。「夫和實生物，同則不繼。以它平它謂之和，故能豐長而物歸之。若以同裨同，盡乃棄矣。」〔註16〕作為哲學範疇，「和」與「同」是有本質性差異的，後者是以絕對的一致為內容的，主張取消差異或張力，而自發展的視野觀之，張力的消解也就意味著生命力的喪失，前者則正視矛盾或張力的存在，力求在「平」（和合）的動態過程中，實現有差別的多樣性的統一，因此，「和」也是事物發展的生命力的根本。稍早於孔子的晏嬰，也曾以形象的比喻理解「和」，「和如羹焉，水、火、醯、醢、鹽、梅以烹魚肉，燀之以薪，宰夫和之，齊之以味，濟其不及，以洩其過。」〔註17〕自其組成而言，羹是融多樣性於其內的，自其

〔註12〕《詩經·商頌·長發》
〔註13〕《詩經·周頌·我作》
〔註14〕《禮記·禮器》
〔註15〕梁啟超：《孔子》，《梁啟超全集》，北京：北京出版社1999年版，第3152頁。
〔註16〕《國語·鄭語》
〔註17〕《左傳·昭公二十年》

製作過程而言,則是補不足而裁有餘,故此,以羹喻「和」,「和」的意義至少應包括以下兩方面:在互補、相濟的動態展開中,融多樣性於具有整體意義的形態之中。質言之,在晏嬰那裡,「和」已然具有了兩個層面的意義,即動態過程的展開和結果性的存在,而這些也是其後「中庸」思想的重要內容。

綜而言之,在孔子和《論語》之前的時代,有關「中」的思想是比較有影響的,其中的「中」「時」與「和」等內容,都得到了一定的展開,而它們又是與孟子的「中道」有重要關聯的範疇,在「中道」思想中得到進一步的鋪陳和發展。

2、《論語》、《中庸》及郭店楚簡中的「中庸」思想

孔子集其前有關「中」的思想之大成,將相關內容統一於「中庸」之下,並以此為基礎,展開他的儒學思想,而這些內容都相對集中於《論語》之中,從而使《論語》成為「中庸」發展史上既具總結意義,又相對地擁有開創性價值的文本。當然,相比而言,「中庸」思想的系統化、本體化,則是《中庸》文本的重要貢獻,而從中的很多內容又似以引用孔子之語表達的,有形無形之中透露出它與孔子及《論語》在思想上的關聯性〔註18〕。至於20世紀90年代湖北荊門出土的郭店楚簡,其中有很大部分被證明是儒家的著作,其時間大致介於孔子和孟子之間,從而成為溝通孔、孟的重要內容,而合於並體現「中庸」精神,也是郭店楚簡中相關內容的要旨所在。

在《論語》中,「中庸」第一次以完整的概念出現,且被視為是「至德」的形態,「中庸之為德也,其至矣乎!民鮮久矣。」〔註19〕它乃是最高的善德,一般人難以持久地「中庸」,在一定意義上表明,「中庸」之德具有超溢於日用常行的價值。當然,作為最高德性的「中庸」,其自身也不排除具體操作層面的意義,孔子堅決反對偏執於一「端」,並以此作為實現「中庸」的必要手

〔註18〕至於《中庸》中所引述的孔子的言論,此以為,在反映《中庸》作者思想傾向的同時,也基本上契合了孔子的思想。《中庸》中「的確包括子思所記孔子言論。而子思置之於自己著作之上,以示對孔子的尊重。」(郭沂:《郭店竹簡與先秦學術思想》,上海:上海教育出版社2001年版,第436頁)固然,《中庸》內的「子曰」是否能夠全然等同於孔子本人的言論,這是值得做進一步探討的問題,但是,在一定意義,相關內容表明了《中庸》與孔子思想之間的承繼關係,這一點是應該予以肯定的。

〔註19〕《論語・雍也》

段和方式；而反對執於一「端」的方法，便是強調兼重兩「端」，「吾有知乎哉？無知也。有鄙夫問於我，空空如也。我叩其兩端而竭焉。」〔註20〕在界定君子的特性時，他便多次採用了「叩其兩端」的方式，如「質勝文則野，文勝質則史。文質彬彬，然後君子」〔註21〕等，其中所包蘊的意義是，正視不同性質的「端」的存在，在考慮和處理問題的實踐中，追求統一與和諧，才能進而達到「中庸」的目標。然而，必須再次強調的是，固然在方法論的層面，孔子視野中的「中庸」，幾乎貫穿並體現於他的思想的所有方面，突出因時、因地、因人而異、而宜，但是，不論具體表現形式多麼不同，力求達到德性層面上至善的「中庸」，則是其本旨所在。

　　作為專論「中庸」的文章，《中庸》〔註22〕文本中「中庸」的本體色彩固然甚為顯明，而其表述相應地也更為系統，但是，它卻並未忽視「中庸」的

〔註20〕 《論語・子罕》
〔註21〕 《論語・雍也》。此外，如「君子矜而不爭，羣而不黨。」（《論語・衛靈公》）「君子惠而不費，勞而不怨，欲而不貪，泰而不驕，威而不猛。」（《論語・堯曰》）也皆採用了「要……但不要……」的表達方式，都是孔子對「叩其兩端」的具體運用，其中無疑都滲透著「中庸」的精神。
〔註22〕 由於事涉論述布局的合理性的問題，故此有必要對《中庸》的成書年代作一說明。西漢司馬遷在《史記・孔子世家》中，認為是「子思作《中庸》」，其後雖然也偶有人對這一說法表示懷疑，但是在清初以前，卻基本上為歷朝的主要思想家所認同。然而，隨著對《中庸》研究的深入，尤其是清代學者對考據的情有獨鍾，《中庸》非子思所作的觀點甚囂塵上，他們從《中庸》文本的體例、語言風格等諸多方面提出了質疑，而文本的相關內容，更被他們認為是為質疑提供了佐證：「載華嶽而不重，振河海而不洩」（《中庸・第二十六章》）、「今天下車同軌，書同文，行同倫」（《中庸・第二十八章》）……就此，《中庸》的成書年代，被認為至少應該是在秦統一六國之後。若是以更理性、更積極的態度考量之，《中庸》成書年代問題上的爭論，對於更深入地瞭解文本固然是必要的，但是，僅僅因文本文體、語言風格及相關內容，便斷然否認它是子思所作，顯然是難免武斷之嫌的。應該能夠意識到的是，任何經典文本的成形，都不可能是一蹴而就的，相反，它們更多地是在歷史的淘洗中積澱下來的內容，《中庸》文本的成形當然也不能例外；因而不妨這樣說，《中庸》的核心內容，仍可視為是出自子思之手，而在歷史的演進中，這些內容又被不斷地鋪展與完善，從而獲得了某些有別於子思時代的因素或風格。至於《中庸》中的哪些內容更有可能出自子思之手，由於並非此處論述的重點，故不再作更詳細的分析，而相關的內容亦可參見徐復觀《中國人性論史（先秦篇）》的「從命到性——《中庸》的性命思想」部分、杜維明《〈中庸〉洞見》的「文本」部分、楊澤波《孟子評傳》的「《中庸》作者考辨」部分、郭沂《郭店竹簡與先秦學術思想》的「《中庸》・《子思》・《子思子》」和「今本《中庸》：子思書的兩篇佚文」部分等。

方法論內涵。「舜其大知也與！舜好問而好察邇言，隱惡而揚善，執其兩端，用其中於民，其斯以爲舜乎！」〔註23〕多問、多察構成了「中庸」必要的認識前提和途徑，顧及兩「端」並實現兩者的統一，是「中庸」的具體手段和方法，祛惡而張揚善德是「中庸」的倫理目標，至於進一步將善施於民，便是它在社會發展層面的理想，由此可見，「中庸」的意義表現得更爲全整。「不勉而中，不思而得，從容中道。」〔註24〕至於此處之「道」，即「天命之謂性，率性之謂道，修道之謂教」〔註25〕之「道」，是天下至中至正之仁道；在「中庸」的總則之下，切合於儒家主張的仁道是其根本，而實現道德的提升，並使「中庸」由自發而自覺，則是其關鍵。因此可以說，「道」與「中庸」是互爲表裏的，若是引《中庸》本文以說明，便是「中也者，天下之大本也。和也者，天下之達道也。致中和，天地位焉，萬物育焉。」〔註26〕「中」與「和」皆爲「中庸」的形態，「中庸」乃是天人之際的至道，在世界觀和方法論的層面，構成了儒家德性理想的核心內容，同時也成爲天人合一的必需。質言之，在《中庸》文本中，「中庸」被賦予了更爲系統的意義，而其中較爲側重於其道德本體層面的意義，這也對孟子「中道」思想有著重要的影響。

作爲在湖北荊門發現的一批戰國竹簡的總稱，郭店楚簡的內容比較複雜，缺乏一定的連貫性和系統性，但是，經由考證可以肯定的是，它於相當程度上填補了孔孟之間在文獻上的空缺〔註27〕。其中，《緇衣》、《性自命出》、《成之聞之》等十篇被認定爲儒家作品，內容殘損較多的三個語叢一般也被歸於儒家，雖然儒家的這些文獻甚至都沒有論及「中庸」，然而，它們無疑也貫徹和體現著「中庸」精神。它們對君臣、君民關係進行了較多的討論，強調臣、民乃是重要的社會力量，但是，「上好仁，則下之爲仁也爭先。故長民

〔註23〕《中庸·第六章》

〔註24〕《中庸·第二十章》

〔註25〕《中庸·第一章》

〔註26〕《中庸·第一章》

〔註27〕也正因爲郭店楚簡自身缺乏系統性，而更多地是單個文章獨立成篇的，且每篇文章成文的具體時間又不盡相同，所以，即使認定郭店楚簡的年代大致介於孔孟之間，但是，至於它們與《中庸》的時間先後問題，也是存有爭議的。在將《中庸》的主體部分視爲出自子思之手的基礎上，此處將對郭店楚簡的相關考察安排於《中庸》之後，因爲楚簡中絕大部分作品的成文年代，基本上已被認定爲是在子思之後，詳細內容可參見姜廣輝主編的《郭店楚簡研究》（中國哲學第二十輯）中的相關部分。

者章志以昭百姓，則民致行己以悅上。」〔註28〕一如儒家對君之德的重視，
此處所引強調的是，在上者的仁德及其對臣、民的薰陶，根本上是臣、民力
量是否合理的重要影響因素。不妨這樣說，在郭店楚簡的儒家作品中，君子
人格被視爲理想的在上者的道德特質，而君子人格又是有其相應特徵的。「凡
用心之躁者，思爲甚。用智之疾者，患爲甚。用情之至者，哀樂爲甚。」〔註
29〕突出了對「度」的重視，即必須防止知、意、情中任何一者的單方面膨脹，
將它們都限制在合乎德性的「度」的範圍內，才能進而達到三者的統一。而
對「時」的關注，也是楚簡中的重要內容，《窮達以時》篇便自題名上凸顯了
「時」的意義，同時，「時」也是君子人格的必需，「五行皆形於內而時行之，
謂之君子。」〔註30〕以仁、義、禮、智、聖爲其組成的「五行」，是君子內在
的德性依據，但是，倚「時」而行，則是君子的現實意義的重要方面，毋寧
說，是「時」成就了完整形態的君子。當然，楚簡儒家文獻對「度」和「時」
的強調，仍是以合於德爲其本質的，亦即「君子敦於反己」〔註31〕，不論是
突出「度」，還是關注「時」，都必須以德性的自我反省爲根本，以德性主體
的完善爲目標。

　　概言之，《論語》中所論說和體現的「中庸」思想，集中表明了孔子的
哲學立場，「無可無不可」「執兩用中」和「過猶不及」等所蘊含的「中庸」
精神，就邏輯發展而言，都對「中道」思想具有相當重要的影響，當然，
其中的某些內容，在孟子那裡也得到了合理的改進，從而獲得了更積極的
意義。《中庸》裏有關「中庸」的思想，是中國哲學史上「中庸」理論的重
要源頭和典型形態，在不乏方法論價值的同時，內中更是蘊含著深刻的本
體論意義，而孟子的「中道」思想，與這兩個方面都有著無法切割的邏輯
關聯。荊門郭店楚簡中的儒家文獻，也深契「中庸」的要義，尤其是其中
對「度」和「時」的關注，這些內容對孟子「中道」的影響，也是甚爲重
要的，而與郭店楚簡相類似，孟子也更多地是將「中道」落實於具體的理
論展開之中。

〔註28〕《郭店楚墓竹簡・緇衣・簡一〇～一一》
〔註29〕《郭店楚墓竹簡・性自命出・簡四二～四三》
〔註30〕《郭店楚墓竹簡・五行・簡六～七》
〔註31〕《郭店楚墓竹簡・窮達以時・簡一五》

第三節　老子、墨子思想中有關「中」的傾向

在孟子之先的老子和墨子，是兩個非儒家的重要人物，其思想中也可挖掘出一些有關「中」的因素。不論是方法上的，還是內容上的，兩者有關「中」的思想中的建設性部分，自然為孟子所汲取，而具有消極意味的部分，則相應地成為孟子批判的對象，也構成「中道」思想的可借鑒性素材。

老子所持的原始形態的辯證思想，蘊含了不容忽視的「中」的意向，在認識論和方法論的層面上，對孟子「中道」有著一定的影響。就認識及語言表達而言，如果用老子自身的話說，也就是「正言若反」〔註32〕，較為典型的例子有「廣德若不足」「大器晚成」〔註33〕「大成若缺」「大直若屈」〔註34〕等，這些都並非簡單地模糊兩「端」之間的界限，而是力圖以「若」協調兩「端」，從而於兼顧中又突出重點。從動態的、發展的過程言之，則「反者道之動」〔註35〕又構成了老子論點的核心，具有張力的不同的「端」，是發展過程中所不可或缺的，因為正是「端」之間張力的存在，賦予了發展以相應的生命力，只有在相反而又相成的具體展開中，才能體現「道」及其意義。與此緊密相聯，老子提出了「無為」的命題，要求排除胡亂作為，追求合理的、積極的作為；不過，老子對具有矛盾性質的「端」的態度是不徹底的，因為他那具有濃烈本體意味的「無為」，固然有鑒於肆意作為的消極意義，但是，卻無法擺脫一無所為的傾向，即由否定一種「異端」，而陷入了另一種「異端」。在一定意義上，這是貫徹「反者道之動」的合乎邏輯的結果，卻又是在更深層的意義上有悖於「反者道之動」的。

〔註32〕《老子‧七十八章》

〔註33〕《老子‧四十一章》

〔註34〕《老子‧四十五章》

〔註35〕《老子‧四十章》。對於「反者道之動」，馮友蘭曾指出，它與黑格爾的相關主張具有可比性，即事物都包含對自身的否定（「everything involves its own negation」），並進而認為它乃是老子哲學的主題之一，與儒家的「中庸」思想也是相通的，「This theory has also provided the principal argument for the doctrine of the golden mean, favored by Confucianist and Taoist alike. 『Never too much』 has been the maxim of both.」（馮友蘭：《中國哲學簡史》，天津：天津社會科學院出版社 2007 年版，第 32 頁）縱然，若是將「反者道之動」與「中庸」簡單地對等，定是有失其當的，因為後者所蘊含的濃鬱的德性意義，是並不為「反者道之動」所有的；但是，若就方法論層面的意義而言，那麼，說「反者道之動」與「中庸」分享著相同的原則和訴求，儼然也是能夠成理的，而「過猶不及」則是兩者邏輯上溝通的橋梁。

　　與老子相類似，墨子也有鑒於一「端」之失，但是，在對相關思想大加撻伐的同時，卻又陷入了矯枉過正的圈圈，因此，一方面便成了為孟子所批判的對象，另一方面，其有關思想也是孟子「中道」的可借鑒性內容。在墨子看來，天下之所以混亂不堪，都是由私引起的，「凡天下禍篡怨恨，其所以起者，以不相愛生也。」〔註36〕而與儒家相關思想相一致的是，墨子也認為，仁義是袪除私所必需的，即「萬事莫貴於義」〔註37〕。但是，在墨子的視野中，仁義自身並不是目的，正相反對的是，仁義的具體內容卻是與利密切聯繫的，「仁人之所以為事者，必興天下之利，除去天下之害，以此為事者也。」〔註38〕可見，墨子是將實現天下之公利，視為最根本的目的的，而推行無差等的愛——「兼愛」，則是其必要的途徑。「若使天下兼相愛，國與國不相攻，家與家不相亂，盜賊無有，君臣父子皆能孝慈。若此則天下治。」〔註39〕只有力行「兼愛」，才能達到天下和順。當然，縱使在具體過程和目標上拓展了愛的範圍，但「兼愛」卻始終是以利為義，其所謂的仁義的核心仍然是指向利的，而在理路上，乃是以目的為手段的，因此，最終使「兼愛」淪為純粹的理想。

　　老子採用「正言若反」的表達方式，力倡「反者道之動」，在將矛盾雙方中一方的缺點凸顯出來的基礎上，更加強調另一方存在和發展的意義，這樣的一種思維進路，對於提示更加全面地看待問題的態度，是大有裨益的；墨子基於對現實發展的關注，深刻地揭示社會領域中所存在的諸種問題，對於破除認識層面的「偏」，是相當必要的，可以這麼說，墨子之所以秉有功利主義的傾向，是與他力圖追求社會全面、公正的發展相聯繫的，即便他自身又陷入了另一「端」，但卻不妨礙他的視野所具有的借鑒意義。質言之，老子和墨子都由突出原被忽視的矛盾雙方中的另一方，為孟子的「中道」思想，提供了一定的具有啟發性的因素，這不僅是思想資源上的，也是思維樣式上的，當然，在思想的繼承中，也體現出理論的發展性品格。

〔註36〕《墨子·兼愛中》
〔註37〕《墨子·貴義》
〔註38〕《墨子·兼愛中》
〔註39〕《墨子·兼愛上》

第二章 「中道」的意義

　　作爲哲學觀念的「中道」，是「中庸」的具體形態之一，故此，它的內涵無疑是與後者具有一定的共通性的；然而，孟子的「中道」思想，更多地又是被統攝於其本人整體的哲學精神之下的，獨特的歷史背景和個人的理論風格，決定了孟子視野中「中道」的基本義。一言以概之，孟子的「中道」不外以下幾方面意義：以「中」「時」等爲核心內容，以經權關係爲其總則，以合宜、適度爲形式追求，以合乎德性之道爲根本旨歸。這些內容展開並貫穿於孟子的哲學理論之中，賦予「中道」以具體性和構成性，而正是這樣的具體性和構成性，在彰顯「中道」的歷史價值和現實意義的同時，也在一定層面上使之帶有了相當的本體色彩。

第一節 「中」之義

　　出於「中庸」的基本立場，孔子堅決批判偏執於一端的思想或方法，「攻乎異端，斯害也已。」〔註1〕如果偏執於一端，那是甚爲有害的，因此，批判「異端」便成了挺立「中庸」的必需。不過，應該指出的是，孔子的目的並

〔註 1〕 《論語・爲政》。朱熹引范氏言曰：「攻，專治也，……異端，非聖人之道，而別爲一端，如楊墨是也。……專治而欲精之，爲害甚矣！」（〔宋〕朱熹：《四書章句集注》，北京：中華書局 1983 年版，第 57 頁）孔子之語便可相應地理解爲，如果僅僅專注於某一方面，那是非常有害的；而楊伯峻則認爲，「批判那些不正確的議論，禍害就可以消滅了。」（楊伯峻：《論語譯注》，北京：中華書局 1980 年版，第 18 頁）不管字面解釋上的差異究竟如何，但是，其中一致的涵義便是，「異端」在根本上是與「中庸」相背離的，是極爲有害的。

非在於反對「異端」，他之所以反對「異端」，更多地是將這種反對和批判，視爲達到「中庸」的具體途徑和切實保障。所以，孔子的「中庸」主張，又內在地包含著對「端」的重視，「吾有知乎哉？無知也。有鄙夫問於我，空空如也。我叩其兩端而竭焉。」〔註2〕顯而易見的是，「叩其兩端而竭」較多地是自方法的層面上，爲貫徹與實現「中庸」提供了積極的視野，也就是說，只有正視並洞察作爲問題之方方面面的「端」，才能全面、合理地認識到作爲完整形態的問題自身，亦即前者構成了後者的必然前提。當然，誠如《中庸》所言，「執其兩端，用其中於民」〔註3〕，對「端」的關注，並進而實現「中」，雖然是具體方法層面的要求，但是，其中更爲根本的目標，則是以合乎道德爲核心的，這一點也是本就內含於「中庸」的，是其本體意義的關鍵之所在。

1、「中」：不偏不倚

所周知的是，關於「中」的意義，程頤曾做出了這樣的論說，「不偏之謂中，……中者天下之正道」〔註4〕，如果說「偏」意味著側重，那麼，「不偏」便是與兼顧同義的，因而「中」的典型特性，就是不偏重於容有矛盾的整體中的任何一方，力求在兼顧「端」的基礎上展開「中」。所以，若是就具體操作而言，形式層面的不偏不倚，無疑是「中」的較爲切近的表現，也正是在這個意義上，如下結論是能夠成立的，即：作爲面對與處理問題的路向，「中」是較「異端」更爲合理、更爲積極的。

在具體方法的層面上，孟子視域內的「中道」，也無法排除對形式之「中」

〔註2〕 《論語・子罕》

〔註3〕 《中庸・第六章》

〔註4〕 〔宋〕程顥、程頤：《二程集》，北京：中華書局2004年版，第17頁。原文的完整表述是，「不偏之謂中，不易之謂庸。中者天下之正道，庸者天下之定理。」由於此處側重於考察「中」，故未將程頤有關「庸」的論述引出。不過，不難發現的是，程頤以「不易」釋「庸」，並且將之視爲定理，自字面意思言，此論有被讀出「執一」或僵化傾向的可能，而儒學史上鑿實也不乏這樣的解讀；但是，若是自其哲學意蘊言，那麼，此論又是相當恰當的，因爲相對於「道」，通常意義上的「庸」，更具有「用」的層面的意義，而將「庸」理解爲定理，便實現了它的哲學化和本體化的提升。不妨這樣說，若是單純就字義觀之，「中道」好似較「中庸」具有更濃厚的本體意蘊，但是，於學理的層面上，「中庸」卻成了更具本體意義的概念，程頤對「庸」的解釋便是沿著這一理路展開的，相對而言，「中道」在孟子哲學思想中卻被賦予了更多的形下品格。

的關注，而這種關注實際上也是對適度原則的強調。當然，應該注意到的是，他並沒有對「端」和「中」的關係進行集中探討──誠若《論語》和《中庸》裏的相關內容那樣，而是使之展開於具體問題的論述中；毋寧說，孟子更多地是將「中」的不偏不倚的意義，以方法和手段的樣態貫徹並展現於其理論之中。不過，與孔子相類似，他也是借助於對「異端」的批判，來展開「中」的主張的，並且也力圖在對「端」的審視和全面考察中，確保「中道」理想的實現。

> 聖王不作，諸侯放恣，處士橫議，楊朱、墨翟之言盈天下。天下之言不歸楊，則歸墨。楊氏為我，是無君也；墨氏兼愛，是無父也。……閑先聖之道，距楊墨，放淫辭，邪說者不得作。〔註5〕

楊、墨之言各陷一「偏」，往往易被世俗所接納，是當時除儒家以外的兩種比較流行的言論，孟子對二者的批判，體現了他對「異端」的基本態度。就論說進路而言，孟子是著重對他們的思想及其傾向進行評析，認為如果貫徹楊、墨的思想，就可能導致「無君無父」（即悖逆基本倫理）的結果，因為據孟子之見，兩者所主張的都是以犧牲人倫為代價的，所以，在一定意義上，意味著模糊或消解人與禽獸間的實質差異。基於此，這裡所欲得出的結論是，「無父無君，是禽獸也」，只是孟子依思想的邏輯而作出的推論，並不能簡單地認為孟子是在謾罵楊、墨是禽獸，相反，他之批判楊墨「異端」，鋒芒是直指思想和理論自身的，並不是就人物個體而做出的針對性的辱罵。

在對孟子言論的進路和基調做出定位之後，便可對其內容作較為細緻的分析。在孟子看來，楊朱之論執著於血親之愛，實質上乃是偏於一私的，是典型的蔽於「我」（包括血親）而不知「人」（他人）的愛，在「群」的維度上幾乎沒有任何意義，容易導致人倫關係的破滅。誠如孟子所指出的，「故推恩足以保四海，不推恩無以保妻子。古之人所以大過人者，無他焉，善推其所為而已矣。」〔註6〕基礎性情感的維繫，是人凸顯自身本質的必需，但是，純粹的血親之愛卻又不能等同於真正意義上的仁愛，因為單純的血緣親情可能導致自私，而孟子所主張的仁愛，乃是以天下為其最理想的對象的，他之所以斥楊朱倡導的「愛」為禽獸之舉，也正因為後者的主張過於「為我」，實即自私。

〔註5〕《孟子·滕文公下》
〔註6〕《孟子·梁惠王上》

　　與楊朱的偏於一己正相反對，墨子強調人我爲一，將本應是仁愛的基礎的血親之愛丟掉了，使得「兼愛」僅僅具有理想目標的意義。從思想理路觀之，鑒於現實中的「愛」所展現的狹隘性和差等性，及隨之而來的惡劣後果，墨子更加突出愛的普遍性和平等性的一面，但是，他全然無視仁愛所具有的次序性，那便又走向了另一極端。進而言之，墨子更多地只是執著於「兼愛」的目標，並且，有意無意地將這一目標全然等同於過程自身，無視仁愛所蘊涵和必須貫徹的方向性的維度〔註7〕，因而是缺乏現實意義的；縱使能夠將「兼愛」推行開來，那麼，也必將導致泯滅人我之別、物我之別的結果，這便是孟子以「是禽獸也」批之的著力點所在。

　　當然，依孟子之見，「爲我」與「兼愛」固然各執一「端」，但兩者在一定意義上又是相通的。「爲我」由於過窄之「仁」，而導致無以「保妻子」，亦如王陽明所言，「夫人有德於己，而不知以報者，草木鳥獸也。」〔註8〕無視或否認仁愛的普遍性追求，意味著否定人的本質，因而無法將人與鳥獸區分開來。而「兼愛」因缺乏倫理之基和現實性，根本上違背了仁愛之旨，也將導致己父非父的結果；而且，在相關問題上，法家也正類似於墨家的思路，無視血緣親情相對於仁愛所具有的基礎性地位，從而力圖以法達到專同的目的，換句話說，法家專同理想的失敗，並不僅僅是其目標自身的失敗，與「兼愛」一樣，它也是一種對普遍價值的追求，而問題則在於偏於一「端」，從而忽視了普遍性所必需的差異性的基礎，進而導致根本上悖棄「中道」精神。總而言之，楊朱和墨子的主張乃是殊途同歸的，雖然兩者在表現和形式上各陷一「偏」，但在理論將導向人倫的崩潰這一點上，楊、墨又是並無二致的。

　　至此可以說，爲孟子所反對的「淫辭」和「邪說」，說到歸結處，也就是失之於偏頗的言論，而與楊、墨所主張的一偏一蔽之「道」相異，「先聖之道」顯然是「中道」。「孔子『不得中道而與之，必也狂獧乎！狂者進取，獧者有

〔註7〕誠若王陽明所認爲的，「父子兄弟之愛，便是人心生意發端處，如木之抽芽。自此而仁民、而愛物，便是發幹生枝生葉。」（〔明〕王陽明：《王陽明全集》，上海：上海古籍出版社1992年版，第26頁）此論自然是據孟子的仁愛主張做出的，而且有過於突出血親之愛之嫌，但是，相對於墨子的「兼愛」的純理想性色彩，以樹木的生長爲喻，強調了仁愛所必需的基礎要素，及其推展的過程性，這也是很有借鑒意義的。

〔註8〕〔明〕王陽明：《王陽明全集》，上海：上海古籍出版社1992年版，第1014頁。

所不爲也』。孔子豈不欲中道哉？不可必得，故思其次也。」〔註9〕就其表現
而言，「狂」和「狷」是與「端」相聯繫的，亦即「過」或「不及」，是孟子
持「中道」而求「其次」的對象，但是，若果進而由執「端」陷入「偏」或
「倚」，那是爲他所反對的；可見，在孟子看來，與執於一「端」所不同的是，
「中道」相對地表現爲不偏不倚，力求在對「端」的權衡中貫徹適度的原則，
這也是「中道」所內含的形式意義。不妨更進一層說，孟子也賦予「中道」
以適中、適度的意義，但是，類似於孔子，在以不偏不倚的「中道」爲訴求
的同時，孟子也並非簡單地拒斥相異甚至矛盾的「端」，而是以積極的「中道」
精神，在對諸「端」的兼顧與深度協理中追求「中」。

　　若是再次具體到仁愛的問題，不偏不倚層面的「中道」，是通過「推恩」
來展開的。孟子力圖通過「推恩」，將血親之愛提升到廣義的仁愛，「仁者無
不愛也，急親賢之爲務。」〔註10〕在一定意義上，仁者應該稟有無所不愛的
仁愛情懷和訴求，但依孟子之見，仁愛卻又必須以「親」和「賢」爲其基礎
與首要的對象；也就是說，孟子突出強調「親親」在仁愛中的基礎性地位，
只有愛親，方能進而愛人，因此「堯舜之仁不偏愛人，急親賢也。」〔註11〕
另一方面，在要求以血親之愛爲仁愛的始基和前提的同時，孟子又注重超越
純粹的血親關係的限制，力求使仁愛達行於天下，而使這一過程得以展開與
貫通的便是「推恩」。

　　對於「推恩」的總體原則，孟子指出：「老吾老，以及人之老；幼吾幼，
以及人之幼。天下可運於掌。……言舉斯心加諸彼而已。」〔註12〕由「吾」
到「人」，這就突出了「推恩」所必須具有的方向性，「舉斯心加諸彼」則自
更爲實質的層面指出了「推恩」的精神內涵。正是「推恩」的方向性，保證
了孟子視野中的仁愛並非墨子意義上的「兼愛」，「推恩」所內涵的差等性或
方向性，使仁愛成爲有源之水、有本之木，當然比「兼愛」具有了更多的理

〔註9〕《孟子·盡心下》
〔註10〕《孟子·盡心上》
〔註11〕《孟子·盡心上》。當然，此處並不是說堯舜不主動地遍愛人，而是說堯舜即
　　　　使不能完全做到遍愛人，但是他們卻能夠首先從事事親之務；不妨換個角度
　　　　更明確地講，愛親並非必然地導致否定愛人，相反，愛人是愛親前提下的一
　　　　個合乎邏輯的發展意向和內容，愛人之「博」包含並據於「親賢」之「急」，
　　　　這正是「推恩」的現實倫理根源。
〔註12〕《孟子·梁惠王上》

論合理性和現實可能性;「推恩」的精神內涵,則更多地繼承並發展了儒家仁愛的實質〔註13〕,打破了楊朱「爲我」主張的「私」,孟子要求以「心」相加,赫然將「推恩」昇華爲仁愛之實現的必要途徑,且也相應地以仁愛作爲「推恩」的內核和理想目標。

不妨作一概括,鑒於「爲我」和「兼愛」的各執一「端」,及其所可能導致的嚴重後果,孟子主張在正視血親之愛的基礎上,通過「推恩」以達到「親親而仁民,仁民而愛物」〔註14〕的目標。從中可知,通過對「異端」的批判,全面、深入地考察「端」及其性質,進而在過程性的展開中力求不偏不倚,這正是孟子「中道」的形式要義。當然,就一般意義而言,古希臘的亞里士多德也是主張「中道」的,「德性就是中道,是對中間的命中。」〔註15〕將「中道」視爲德性,這與孟子的立場是有共性的,但是相對而言,亞里士多德所力主的「中道」,側重於它與「過」和「不及」在性質上的區分,而異質性的突出,又使「中道」(「對中間的命中」)帶有鮮明的靜態性,因而往往被認爲類似於「中值」。與亞里士多德不同,孟子並未簡單地給「中道」定性,而是更關注於怎麼樣達到「中道」,將「中道」的「無過不及」之義,納入動態的過程之中,即在正視「端」及其性質的基礎上,融「端」於「中道」之中,使「端」成爲「中道」的構成性和貫穿性因素,這是孟子「中道」的合宜性的重要源泉。

〔註13〕 在先秦儒家的「仁」的問題上,李澤厚曾經明確地指出,「『仁』不只是血緣關係和心理原則,它們是基礎;『仁』的主體內容是(這種)社會性的交往要求和相互責任。」(李澤厚:《中國思想史論》(上),合肥:安徽文藝出版社1999年版,第29頁)以社會性作爲「仁」的主體內容的特徵,其中當然難免含混之嫌,因爲儒家視域中的「仁」,更多地是道德層面的內容,而並非是自社會交往或責任立言的。但是,在正視「仁」之基礎的同時,突出「仁」的廣義之維,這是有見於先秦儒家之「仁」的真精神的;而且,在他看來,「仁」的過程性和目標性意義,也正是先秦儒家與佛、宋儒的核心差異之所在,因爲後兩者要麼離群索居,要麼空談心性,相對而言,都帶有一定的狹隘性或空想性傾向,與先秦儒家有關「仁」的立場有著相當的出入。因此,李澤厚對先秦儒家「仁」的解讀,固然有著一定的以今讀古的色彩,但是,對於更恰當地理解孟子的「推恩」思想,及其「中道」意向,也是有其積極意義的。

〔註14〕 《孟子·盡心上》。不過,不容諱言的是,孟子以「推恩」而力圖實現「中」,也是有其自身的局限性的,因爲對血親之愛的基礎性的強調,使愛在現實展開過程中也有陷入一偏之境的危險,從而嚴重影響了「推恩」的現實性。

〔註15〕 〔古希臘〕亞里士多德:《尼各馬科倫理學》,苗力田譯,北京:中國人民大學出版社2003年版,第34頁。

正如前述所指出的，《孟子》文本並沒有過多地從純理論的層面上，探討「中」的不偏不倚的向度，而更多地是將這一向度內嵌於具體的敘述或論辯之中，比如，在後面將要鋪陳的義與利、君與臣、王與霸等，孟子的有關主張，都透露出他對「中道」的「度」的意義的關注，而此處著重加以分析的仁愛及「推恩」問題，只是其中的典型之一。概言之，「中道」所內含的不偏不倚（「度」），是爲孟子所充分注意到的，「中道」必定是恪守「度」的，合乎「度」，是「中道」的外在展現，而另一方面，只有自具體展開上確保「度」，才能實現「中道」在切合於「道」的層面上的意義，這乃是「中道」之「度」的深意。

2、「中」：切中於「道」

「中」的不偏不倚之意，是「中道」所內含的，但是，不偏不倚卻又並不意味著簡單地謀求平衡或折中，誠如王夫之所說，「惟道之不明，而異端興也。」〔註16〕「異端」之所以產生，根本的原因在於未能合於「道」。如若以王夫之的立場與孟子相比照，那麼，「中道」的更深層的意義，則在於對切合於仁義的凸出，也就是說，相對於通過形象的、具體的「叩其兩端」，進而達到不偏不倚式的「中」，對德性的追求和恪守，乃是「中道」的更爲本質的指向，而前者更多地只是達到這一目標的必要前提和手段上的保障。

> 且夫枉尺而直尋者，以利言也。如以利，則枉尋直尺而利，亦
> 可爲與？……枉己者，未有能直人者也。〔註17〕

不論是「枉尺」（屈折一尺），還是「直尋」（伸直八尺），孟子更多地是從其德性意義考究的，而至於純粹手段或形式的層面，他也認爲是可以有所出入的，而且，這種出入在相對意義上體現了不偏不倚之「中」，這也正是他以利比之的原因所在。然而，若自目的論的角度言之，在孟子看來，陳代所主張的「枉」〔註18〕，其對象乃是仁和義，而所「直」的，在其時卻包括以「霸」爲核心的非仁義內容，故即使「枉」以「尺」而「直」以「尋」，孟子也是竭力反對的。可以這麼說，他之所以反對「枉尺而直尋」，就在於它過於關注理

〔註16〕 〔明〕王夫之：《船山全書》（第七冊），長沙：嶽麓書社 1988 年版，第 302 頁。

〔註17〕 《孟子·滕文公下》

〔註18〕 《孟子·滕文公下》：「陳代曰：『不見諸侯，宜若小然；今一見之，大則以王，小則以霸。且《志》曰：「枉尺而直尋」，宜若可爲也。』」

性計較或形式上的剛性，而捨棄了本質的仁義內容。要是按照陳代所理解的「枉尺而直尋」，那麼，便會爲「鄉愿」大開方便之門，因爲「枉己者，未有能直人者也」，一個人自身沒有德性方面的秉持，在內便表現爲「枉己」，而在外則無疑以「鄉愿」的形態展露出來，又何以奢談以德「直人」？總之，孟子言論的內在本旨乃是，有道德價值的行爲，須以切中於「道」爲其精神內核，即德行之域以仁義爲首義，才是「中道」的更爲實質的內涵。

對於「中道」的切中於「道」之義，孟子也有直接的正面表達，即「君子引而不發，躍如也。中道而立，能者從之。」〔註19〕就較爲具體的方法而言，無疑達「道」具有多樣性，但是，相對於道德倫理價值目標的「道」，方法和手段的多樣性，又是始終以「道」爲其基本原則和根本內容的，即「道」是不因一些具體方法的改變而移易的，相反，後者卻是以契合於「道」爲其本的，而正是這樣的「中道」，成了君子人格的典型特徵。不妨這樣說，作爲「中道」所內涵的根本義，孟子嚴格強調德性的本源性和不可違背性，將合乎仁義道德視爲「中道」的精神生命，顯然與「勿以惡小而爲之」有著相類似的旨趣；另一方面，切中於「道」，也是「中道」的理想所在，即不但「中道」本就內含合德之意，而且在德行中提升德性，更是「中道」追求的目標。質言之，在孟子看來，「度」的彈性或靈活性，須以契合於「道」爲其底限，對於有可能抵觸「道」的核心意旨的「枉」，是沒有周旋或通融餘地的，這體現著「中道」之切中「道」的層面的意義，當然，「中道」也因此染上了絕對主義色彩。

就「中道」的切合於「道」之義，孟子曾多次做了形象的比喻，力圖從中揭示仁義對於「中道」的意義。

夫仁，天之尊爵也，人之安宅也。〔註20〕

仁，人心也；義，人路也。〔註21〕

居天下之廣居，立天下之正位，行天下之大道。〔註22〕

〔註19〕《孟子‧盡心上》
〔註20〕《孟子‧公孫丑上》
〔註21〕《孟子‧告子上》
〔註22〕《孟子‧滕文公下》。朱熹注曰：「廣居，仁也。正位，禮也。大道，義也。」（〔宋〕朱熹：《四書章句集注》，北京：中華書局1983年版，第266頁）至於所立的對象，或「正位」的本體，其參照孔子的「興於詩，立於禮，成於樂。」（《論語‧泰伯》）將之理解爲「禮」，相對而言，還是較爲契合孟子有關「立天下之正位」的原意的。

如果直接按照字面意思理解，那麼，孟子顯然是以安宅比喻仁，以大路比喻義，以正位比喻禮，而更爲深層的意義，則是他要求於行、止之間，都以德性作爲其根本。若是說「中道」在形式上不偏不倚的訴求，或多或少地帶有調和或折中的意味，這往往也是過於在乎「度」所難免具有的傾向；但是，「中道」在本質上對德性的秉持，卻有力地限制了調和的無限制展開，從而又沖淡了其中的折中意味。就此而言，將德性內容作爲行、止的出發點和歸宿，對於防止「中」的過於形式化，是有非常重要的意義的，「中道」之本不在於手段上的不偏不倚，之所以重視「度」，其意在通過具體過程層面的適度，確保更爲積極、合理地擴充和提升德性；若果更直接地說，那麼，「度」的更爲內在的意義正是指向德性的，也正是在此層面上，「中道」與仁義實乃名異而質同的內容。

進而言之，就「中道」所內含的德性之旨來說，孟子的主張與《論語》和《中庸》中有關「中庸」的思想，又是可以做一定的溝通的。「中庸之爲德也，其至矣乎！民鮮久矣。」〔註23〕孔子將「中庸」視爲最高的德性，無疑並非意想凸出其方法論層面的意義，而是更爲關注它在德性層面的本體意義，可以這麼說，正是「中庸」成就了有德之人，更是它構成了有德之人的道德特質。就《中庸》的內容而言，也借孔子之口說，「君子中庸，小人反中庸。」〔註24〕「君子」與「小人」的區分，當然是自德性層面作出的，而作出這一區分的根本理據則是「中庸」，相應地，「中庸」之德便成了君子人格的核心所在。具體到「中道」上的立場，孟子所強調的是，對於君子（「大丈夫」）人格而言，作爲「道」之核心的仁義具有至上性，只有切實地將仁義內化於主體自身，使之成爲主體之德，並進而將之兌現於德行之中，那才是君子；當然，與「中庸」思想相類似的是，在切中於「道」這層意義上，孟子也突出「中道」所蘊含的主體獨立性要求，「富貴不能淫，貧賤不能移，威武不能屈，此之謂大丈夫。」〔註25〕「中道」之本在於對德性的恪守，而外在的非仁義的內容則是等而次之的，換句話說，即內在人格上的自我挺立，乃是「中道」之德所必需的。

孟子將契合於仁義之道，作爲「中道」的深層涵義，也可從他對「由仁

〔註23〕《論語‧雍也》
〔註24〕《中庸‧第二章》
〔註25〕《孟子‧滕文公下》

義行」和「行仁義」兩者的態度入手作一分析。「舜明於庶物，察於人倫，由仁義行，非行仁義也。」﹝註26﹞「行仁義」是以外在的、形式的規範，作為仁義的出發點和歸宿，而「由仁義行」則根本上是以仁義為出發點的，同時更以仁義為指向。「由仁義行」和「行仁義」之間的矛盾表明，在孟子看來，「中道」問題的焦點在於，主體是否能夠真正內在地擁有道德自覺，並因而將德性外化為具體的德行，當然，在道德踐履中，主體的道德自覺又會不斷地將其德性提升到更高的境界；相反，如果沒有仁義之德為其本源或依據，那麼，「行仁義」只是在形式上合乎仁義而已，自然是沒有德性價值的，而後果上往往又是相當嚴重的﹝註27﹞。郭店楚簡的《五行》篇也認為，「行於內者謂之德之行，不行於內謂之行。」﹝註28﹞這是與孟子在「由仁義行」和「行仁義」間所作的區分相類似的，德行必須是基於內在德性的，沒有德性作為根本因的「行」，只能是純粹形式上的不偏不倚之行，一定意義上是沒有倫理價值可言的。質言之，在孟子的視域中，「中道」固然具有方法論層面的意義，與之相聯繫的，則是形式上的不偏不倚，但是，自本根上與仁義為一，方是「中道」的內核。

綜上所論，就「中道」而言，一方面，「中」意味著對不偏不倚的追求，在存有矛盾的諸「端」中，要禁絕偏執於一「端」，亦即是說，如若沒有形式層面上「中」的保證，那麼是很容易陷入「執」的，因此，「中道」便相應地表現為方法論層面上的貫徹，是以對「端」的兼顧而貫通「行」的過程，當然，相比而言，這一層面上的「中」（「度」）又是相對的；另一方面，「中」也蘊涵著切中、契合之意，是對「度」的德性之維的強調，「中道」即是切中德性之道，沒有德性作為挺立之基礎的「中」，其自身是沒有任何道德意義的，

﹝註26﹞《孟子·離婁下》

﹝註27﹞與孟子所強調的「由仁義行」側重自內在出發不同，荀子更突出外在規範（禮）的作用，走了一條由外而內的路子，而這樣的路子在一定意義上又很容易陷入過度的形式化，內在的層面便相應地失去了，從而與「行仁義」具有了相通性。誠如李澤厚所指出的，「荀子突出發揮『治國平天下』的外在方面，使『仁』從屬於『禮』（理），直到法家韓非把它片面發展到極致，從而走到反面」（李澤厚：《中國思想史論》（上），合肥：安徽文藝出版社1999年版，第39頁），缺乏主體內在德性的「行仁義」，很容易使「行」自身的性質發生折變，荀子對外在的突出，及由此對法家所產生的「啟發」作用，便是典型的一例。

﹝註28﹞《郭店楚墓竹簡·五行·簡一》

因此，「中道」之更內在的涵義便體現在，自本根上恪守和貫徹以仁義爲首義和核心的德性之道。若是作更進一步的言說，那麼，「中道」所蘊含的「中」之道與切中於「道」，兩層意義又是不能截然分開的：「中」之道往往本來就是切中於「道」的形態，「過」或「不及」本身就是偏離「道」的表現；而切中於「道」則是「中」之道必須恪守的核心價值及其取向，不契合於「道」，則必然導致「過」或「不及」。正是這兩方面的互動及融貫，才更爲合理地構成「中道」的整全內涵和意義，而在孟子的具體論辯和理論構建中，也試圖充分貫徹並體現這一點。不過，需要清醒認識到的是，在孟子的「中道」思想中，「中」之道與切中於「道」又是存有張力的，而在這種張力之下，德性的本旨義無疑是占第一位的，「度」的形式意義便相對地被忽視了，從而使「中道」又帶有相當濃鬱的道德獨斷傾向，此傾向是孟子哲學理論的特色，它對儒家後學的影響也是相當深遠的。

第二節 「時」之義

作爲「中庸」的必要因素，「時」具有重要意義，孔子對之也予以了相應的關注。「天何言哉？四時行焉，百物生焉，天何言哉？」〔註29〕不管是作自然層面上的理解，還是在唯意志論層面上給予理解，孔子所強調的是，對於人而言，與「天」相聯繫的「時」具有一定的制約性，言下之意便是，人必須應「時」而動。當然，不容否認的是，從深層次觀之，孔子有關「天」的立場，始終又是無法褪去其德性光環的，因此，「天」之「時」就相應地與人有了更多的、更複雜的關聯性。「時」的意義在孔子那裡，相對地集中在有關德行的思想之中，「道千乘之國，敬事而信，節用而愛人，使民以時。」〔註30〕至於具體的踐行領域，在秉有信和愛的同時，要根據具體的實際，以協調人際關係，從而達到合理治理的目標，這是以「時」治理的切實內涵，亦是「中庸」的必然要求。

1、「時」：應天而動

孟子將「時」視爲「中道」的重要構成因素，因「時」而行是保證「中

〔註29〕《論語·陽貨》
〔註30〕《論語·學而》

道」的合宜性所必需的，據「時」而與現實相溝通，也是「中道」的內在意義和要求，缺乏了「時」的「中道」，是沒有現實生命力的。換句話說，因「時」而「時」之（依境遇而行），是孟子「中道」思想中的重要主張之一，與此相應，相對於完整形態的「中道」，「時」乃是其中較爲具體，也更具現實品格的內容。

相比於孔子，對自然（本然）層面的天之「時」，孟子不再閃爍其辭，而是予以了更爲具體、正面的關注。

> 不違農時，穀不可勝食也；數罟不入洿池，魚鼈不可勝食也；斧斤以時入山林，材木不可勝用也。……五畝之宅，樹之以桑，五十者可以衣帛矣。雞豚狗彘之畜，無失其時，七十者可以食肉矣。百畝之田，勿奪其時，數口之家可以無饑矣。〔註31〕

> 五母雞，二母彘，無失其時，老者足以無失肉矣。〔註32〕

> 彼奪其民時，使不得耕耨以養其父母。父母凍餓，兄弟妻子離散。彼陷溺其民，王往而征之，夫誰與王敵？故曰：「仁者無敵。」〔註33〕

孟子哲學理論的典型特色，可以用心性論加以概括，所以，他出於「中道」，對自然天「時」的承認和分析，一定意義上是非常難能可貴的。然而，這種難能可貴，又是內含於情理之中的，因爲他對天之「時」的強調，始終是與對人（尤其是民及民生）的關注相關聯的，「時」（因應）天的合宜性要求，實即對人和人爲及其價值的重視，在孟子看來，充分意識到天「時」對於人之生存和發展的意義，是推展德行的重要現實依據。正是對天之「時」的明確的自然論主張，構成了孟子「中道」思想的重要基點之一，前者向本然形態自身的回歸，對於袪除過度的人意，有著極爲重要的作用，而過度的人意作爲，又是後者展開過程中所必須摒棄的。

不難發現，「不違時」和「以時」，雖然形式上分別是否定和肯定的表達，但實際上講的是同一意義的內容，都是以積極的態度突出對「時」的恪守。

〔註31〕《孟子‧梁惠王上》。《荀子‧王制》亦曰：「春耕、夏耘、秋收、冬藏四者不失時，故五穀不絕而百姓有餘食也；汙池、淵沼、川澤謹其時禁，故魚鼈優多而百姓有餘用也；斬伐養長不失其時，故山林不童而百姓有餘材也。」

〔註32〕《孟子‧盡心上》

〔註33〕《孟子‧梁惠王上》

孟子此處所要求正視和依循的「時」，亦即自然之天及其中萬物的發展之則，因爲「生生不息的大化之流並不是一種盲目無序的『意志衝動』，它的存在和發展都是和諧有序的，有著自身固有的規則秩序」〔註 34〕，天及萬物的存在與發展，乃是有其自身的規則的，這些都構成了人的合理作爲的前提條件，在此意義上，人主動地切中於天「時」，也成了「中道」的重要內容。人只有據天「時」而行，才能促使萬物的良性發展，而對於以天地萬物爲基本生存條件的人而言，這當然也是有益的；相反，如果人不能應「時」，實際上無異於無序的「意志衝動」——恣意妄爲，便會戕害天及其所生之萬物，自然也無益於人自身的發展。所以，對於自然之天及其則，孟子在以「時」概之的基礎上，再三強調人必須遵循天「時」，縱然他沒有進而得出物質第一性的結論，但是，有見於它對人之存在和發展所具有的意義，從而以天「時」作爲人的行爲的限制性因素，對於淡化孟子哲學的主觀主義色彩，確保人爲的適度性，是有一定積極意義的。

若是單純就上述引文中對天之「時」的重視觀之，那麼可以說，孟子也是非常重視本然（自然）之道的，因而與道家在天道上的立場並沒有大的隔閡，即都認爲，本然之天是人類活動得以合理展開的重要條件。但是，與道家的相關主張所不同的是，孟子並未像老、莊那樣將本然天道與人道對立起來，然後又以天道統攝人道，恰恰相反，孟子更多地是將人道的原初形態與天道相合一，所以，人道在昇華和彰顯自身的同時，也必須始終恪守著天道。此外，眾所周知的是，荀子強調自然規律是萬物變化的原因〔註 35〕，並進而主張「明於天人之分」，與荀子不同，對於天及其「時」，孟子首先考慮到的是它對人的意義，所以並未正面描述天「時」及其性質，而更多地是在與人的關係中予以突出。因此，相比於老、莊和荀子的相關立場，孟子「中道」意旨下的「時」天，顯然帶有更濃重的主動性色彩，不可勝食之穀和鼈，及不可勝用之材木，與其說是天「時」對人的回饋，倒不如說是人主動「以時」而「農」、「入」池、「入」山林的收穫，而且在孟子看來，這些都在一定意義上成了德行的組成部分。

〔註34〕張立文主編：《和境——易學與中國文化》，北京：人民出版社2005年版，第91頁。

〔註35〕《荀子・天論》：「列星隨旋，日月遞炤，四時代御，陰陽大化，風雨博施，萬物各得其和以生，各得其養以成。」

　　不妨更明確地說，孟子之重視天「時」，固然意在爲人的合理作爲提供必要的外在條件，然而，順天並不是他「時」天要求的歸宿，相反，由應天「時」而重人爲，才是孟子「中道」所追求的。「天時不如地利，地利不如人和。」〔註36〕自廣義而言，「地利」也內含於「天時」，對「天時」和「地利」的重視，正是自人的角度所做出的考量，強調的是「天時」對人所具有的意義。而對「人和」的突出，乃是對人自身的關注，更確切地說，也就是對人之內在德性的突出，而它與「天時」的輕重比較，則反應了孟子的基本態度，即人及其德性始終是首要的。所以，就「時」天而言，他又是將它納入人的德性之域的，無視甚至悖逆天「時」，往往是人之無德的表現，「時」天而行，就此便成了有德之人的重要特徵，亦如《易傳》中所言，「夫大人者，與天地合其德，與日月合其明，與四時合其序，與鬼神合其吉凶。」〔註37〕縱然所引此語的所指比較複雜，但是，有德之人必須應天「時」而動，定然是其中之義。依孟子之見，秉持德性的人，必然能夠充分地關注到天「時」，並且以之作爲德行必須顧及的因素，而只有秉持德性並推行於天下的人，才能形成「天下順之」的結果，這是「仁者無敵」的較合理、切實的理解，「時」天及其意義也因此而得以彰顯。

　　當然，需要予以強調的是，應天「時」而行所展現的現實性，並不等於具體程序上的操作性，而更多地是一種現實可能性，是與純粹的理想性相對的，其中所內含的，是對人的行爲的合理性、合宜性的要求。誠如上述所指出的，在以德性爲其旨的「中道」精神下，孟子於天之「時」上的立場，也都是以人及其發展作爲核心的，但是，這一核心又離不開對萬物及其發展的關注，因爲這不僅僅是是否要摒棄對物的戕害的問題，而是事關萬物相對於人所具有的意義及其性質，實即對人的存在與發展有著重要的影響。總而言之，正是出於維持人自身存在與發展的目的，孟子才指出人不能不關注天之「時」，人的作爲必須以萬物的發展律則爲其不可或缺的限度，而這些又都是在動態的因應天「時」中實現的，故此，「時」天而行便成了「中道」的具體意義之一；不妨這樣說，孟子對天「時」及其影響的正視，也是以人及人的發展爲其指向的，天「時」的價值或意義，只是在人的作爲面前，才具有了可能性和合理性，他始終強調守「時」可以提供必要的生活條件，進而因此維繫基本的人倫，也正體現了這一點。

〔註36〕《孟子・公孫丑下》
〔註37〕《易傳・文言》

2、「時」：因時而聖

誠若前論，孟子觀照到天之「時」對人及人爲的重要性，強調人應依循天「時」，方能「中道」而行，避免失當的人爲，而其重心則仍在於人及人的發展，即他對天「時」的關注，是在促進人的發展的目標下展開的，前者成了後者意義的重要維度，而後者則是前者的依歸。當然，與視人及其發展爲根本相聯繫，孟子更加突出人及人爲之域中「時」的意義，這也是「中道」的「時」之義的更爲本質的方面。

就對人及人爲層面的「時」的關注而言，孟子有一句於總體上表達自我心境的話，也就是「此一時，彼一時」〔註38〕，即要求據「時」以采取適度的行爲，不固守一「時」，卻又以「時」作爲行爲的重要維度，其中體現出較爲顯明的動態性和歷史性。在秉持德性的基礎上，因特定的時遇，而有具體的行爲，才能確保其合宜性，自孟子對父母之喪的不同處理，也可見因「時」而異的必要性，但是，由此而得到的相關評價，一定意義上則體現了應「時」而行的複雜性。對於外界的「後喪踰前喪」的指責，孟子給出的回應是：「非所謂踰也，貧富不同也。」〔註39〕如若以靜態的眼光，將孟子對父母之喪的處理放在一起進行對比，無疑兩者是有很大差異的，因此，以「踰」爲之定性，也無可厚非，據此而言，要是孟子依照前喪以事後喪，那也是有相應的合理性的。但是，孟子點出了問題的關鍵之所在，因爲在「時」的發展之中，他自身所處的具體境遇變化了，盡孝的能力和方式也都不一樣了，所以自動態的角度觀之，只有形式上的「踰」，才更能表達與對前喪一樣的孝心（盡孝道），也切合其所引的「君子不以天下儉其親」〔註40〕。質言之，正是源於對「時」的動態把握和反應，孟子才採取形式上的「踰」，「此一時，彼一時」的動態性在其中得到了鮮明的體現，而於動態發展中更恰當地契合於「道」，則又是應「時」的德性歸宿。

毋寧說，人的行爲無疑需要具有相應的合理性，並以實現一定的價值理想爲目標，而據孟子的立場，合理性和價值性的重要源泉與衡量尺度，便是以「時」爲重要內容的「中道」。相對而言，因於具體的時空條件及其性質，人的行爲的合理性和價值性，也會與之發生相應的變化，即行爲合德與否，

〔註38〕 《孟子‧公孫丑下》
〔註39〕 《孟子‧梁惠王下》
〔註40〕 《孟子‧公孫丑下》

一定意義上也是要以具體時空爲條件的，正如孔子的「無可無不可」〔註41〕那樣。當然，對「時」的關注，容易導致相對主義，孟子也不能完全擺脫這一傾向，但另一方面，孟子的「中道」又並不是沒有絕對性內容於其中的，對道德仁義的堅持是不能動搖的，無論是「彼」還是「此」，都不能違背「中道」深層的仁義實質。因此，孟子強調因「時」而「中道」，將「無可無不可」納入動態的發展中予以考察，對於同一對象，在同一時空條件下，往往不可能是「可」和「不可」的兩立，相反，「可」或「不可」是因「時」與事的變化而成理的，「彼一時」與「此一時」，都強調了境遇的特殊性和具體性，「可」與「不可」則是對境遇的不同反應。當然，對境遇的不同反應，又是以合於德爲其根本的，否則，在形式上，就是孟子所反對的「執一」，而在德性的品質上，便是典型的「鄉愿」。

從孟子對聖人人格的態度，也可以看出他對因「時」而適度的重視，他甚至將因「時」而聖，視爲聖之「集大成」的形態。

> 伯夷，聖之清者也；伊尹，聖之任者也；柳下惠，聖之和者也；
> 孔子，聖之時者也。孔子之謂集大成。〔註42〕

在孟子看來，如果三聖各自執著於其「端」，那麼，伯夷之清易傷人，伊尹之任易累己，柳下惠之和易無度，因而皆不能因時而宜，難以達到完滿的「中道」狀態，孔子則憑「中道」以「時」而聖，達到「可以速而速，可以久而久，可以處而處，可以仕而仕」〔註43〕的境界。當然，此處的「可以」是一種道德判斷尺度的預設，亦即「可以」以「時」爲重要內容，而「時」的根本又在切合於仁義，從而貫徹並體現著「中道」。如朱熹所言：「孔子巧力俱全，而聖智兼備，三子則力有餘而巧不足，是以一節雖至於聖人，而智不足以及乎時中也。」〔註44〕孔子之聖，便在於因「時」而「中道」，也就是說，「時」而「中」之，便在突出隨時、隨事而中，這是「中道」的現實精神的活水源頭，自具體的層面保障並體現著「中道」，是聖人人格所必需的組成部分。

當然，從表面來看，相較於孔子之「時」，伯夷之清、伊尹之任、柳下惠

〔註41〕《論語・微子》
〔註42〕《孟子・萬章下》
〔註43〕《孟子・萬章下》
〔註44〕〔宋〕朱熹：《四書章句集注》，北京：中華書局1983年版，第316頁。

之和，固然都有一「偏」之嫌，但是，卻不能因而截然否認三者也是應「時」而發，所以，對朱熹在「聖之時」上的相關評論，有必要做出更爲深入的考察。「三子之行，各極其一偏；孔子之道，兼全於衆理。所以偏者，由其蔽於始，是以缺於終；所以全者，由其知之至，是以行之盡。」〔註 45〕顯然，據朱熹所見，「三資」是較爲偏頗的形態，不可否認的是，這一點是有見於孟子相關論述的字面意思的；但是，朱熹認爲孔子皆具「三資」，而三聖只是分據「一節」，顯然是自靜態上做出的分析，忽視了孟子所要求的那種應時而發的動態精神，因而是有失簡單的。不得不承認的是，在孟子看來，「三資」也是據於德的，並不能因爲某個特徵在某個具體境遇中表現得更爲鮮明，便斷然將其他的德性特徵都排除於外。在這個問題上，可以來看看韋政通的有關論述，他認爲，「孔子如處於三人的環境，也能和他們一樣做到清、任、和。……孔子則能隨時變化，就不同的處境表現其所當表現的。」〔註 46〕並不是像朱熹那樣將「全」作爲「聖之時」的特點，而是將「三資」置於特定的境遇之下，即孔子之所以爲「聖之時」，正在於其能夠依時而表現爲清、任或和，因此更能突出「時」對於「聖」的重要意義，這是頗具啓發性的。

不妨進一步明確地說，正是「時」決定了三聖之德以不同的形態展現出來，如果孔子置身於他們的情境之中，也會相應地表現出來，說孔子是「聖之時」，並不是說他於某一個具體的境遇中同時表現出清、任、和，而更多地是強調，他必能據「時」以「表現其所當表現的」。用孟子的話說，就是「居下位，不以賢事不肖者，伯夷也；五就湯，五就桀者，伊尹也；不惡汙君，不辭小官者，柳下惠也。三子者不同道，其趨一也。一者何也？曰，仁也。君子亦仁而已矣，何必同？」〔註 47〕「三資」也是三子因時而表現出來的，是在具體境遇中以不同的方式展現了其德性。在具體行動的方面，伯夷、伊尹、柳下惠三人固然表現得甚爲迥異，若是將其中一者視爲合道的，那麼，另外兩者往往正是悖道的；但是，孟子卻明確地指出，從道德本質的層面而言，三子都是以仁作爲根本依持的，行爲的目標都是爲了達到道德之善。三子之所以以不同形態表現出來，正在於他們各自應時而行，所以，不但是在本質上，即使自表現而言，三子之行也是合於「中道」的。質言之，「聖之時」

〔註 45〕〔宋〕朱熹：《四書章句集注》，北京：中華書局 1983 年版，第 316 頁。

〔註 46〕韋政通：《中國思想史》（上），上海：上海書店出版社 2003 年版，第 175 頁。

〔註 47〕《孟子・告子下》

是在秉有仁德的基礎上，隨「時」以展現其德性，在具體的表現上也相應地因「時」而有所側重，但是，這樣的側重並不是一般意義上的「偏」，而更多地是以「中道」作爲出發點和支撐的。

　　孟子在「聖之時」上的立場，是他圍繞著「時」與「聖」的關係所作的論述，而具體到他自身而言，他之因時而表現出「好辯」，也體現了他對「中道」的依循。誠然，「爭辯」往往被認爲是不好的，「孝子之諫，達善而不敢爭辨。爭辨者，作亂之所由興也。」〔註48〕也就是說，在一定意義上，「好辯」是與作亂相關聯的，因爲它不是以德服人，相反，更多地卻是以辯取勝。而且，面對外界對自己「好辯」的指責，孟子總體的回答是「予豈好辯哉？予不得已也。」〔註49〕將自己的「好辯」歸於不得已，其中所透露出的信息是，孟子也將之視爲負面的因素。但是，若自其正面的論述觀之，除「不得已」之外，「好辯」更多地出於他以天下爲己任的情懷，正如他說的，「如欲平治天下，當今之世，舍我其誰也？」〔註50〕這是基於主體的擔當意識與「時」相結合而得出的結論，在一定層面上展現了孟子對「中道」原則的秉持，尤其是集中地體現了「時」的精神。在當時的歷史條件下，孟子的「好辯」也是合於道德要求的，因爲對於個人而言，承擔社會責任，並因而在其中實現作爲道德主體的人的價值，這正是仁道原則的體現，所以，他的「好辯」依於「時」而又據於德，相對而言，也是「中道」精神的貫徹。

　　孟子進而將他的「好辯」與孔子作《春秋》作了類比，正如孟子所引的孔子言：「知我者其惟春秋乎！罪我者其惟春秋乎！」〔註51〕《春秋》本該只能由天子作，如果孔子作，那麼無疑有僭越之嫌，亦即意味著是一種違禮的舉動；但是，面對其時的世道，天子之事也已不可能由天子去完成，故「聖之時」的孔子完成了本該由天子完成的偉業。孟子自身的「好辯」，也是基於「時」，而又出於個體的社會意識的，「主體所面臨的，已不僅僅是個人的道德選擇，而是弘乎社會之道（理想）；他不僅要對自我的行爲負責，而且擔負著超乎個體的社會歷史責任。」〔註52〕這大體可以用來解釋孟子「好辯」的

〔註48〕〔清〕焦循：《孟子正義》，北京：中華書局1987年版，第446頁。
〔註49〕《孟子・滕文公下》
〔註50〕《孟子・公孫丑下》
〔註51〕《孟子・滕文公下》
〔註52〕楊國榮：《善的歷程——儒家價值體系研究》，上海：上海人民出版社2006年版，第16頁。

合理性之所在，在個人行為的道德意義與社會責任之間，孟子力求貫徹「中道」，尤其是突出因「時」而擔當，他的「好辯」也正是為了實現這一理想。當然，孟子的「好辯」顯然具有獨斷的意味，而其目的無疑是要伸張儒家之道；但若是自孟子所「辯」的對象和內容觀之，這樣的一種伸張，卻又並非全然絕其它諸家的主張於儒家之道以外，孟子也是力圖在對儒家之外的其它各家思想，進行裁斷和取捨的基礎上，展開並拓充儒家之道的。概言之，孟子「好辯」所體現出的獨斷傾向之中，也蘊含著「時」的相對性的一面，與對儒家之道的秉持一樣，對其他各家之道的正視，也成為具有積極意義的方面，亦即是說，孟子因「中道」而「好辯」，而如何在「辯」中貫徹「中道」，又是其「好辯」的著力點。

然而，也正如孟子本人所意識到的，一方面，他的思想有著相當的前瞻性，另一方面，無疑又無法跳出紛亂的現實，而理想的現實化還得據於其「時」。就他自己看來，與其說是他「好辯」，不如說是因為「不嗜殺人者」過少，導致他必然以如此方式展開他的主張，「王者之不作，未有疏於此時者也；民之憔悴於虐政，未有甚於此時者也。」〔註53〕縱使基於這樣的「時」，孟子還是抱持其性善論和王道理想，始終保持著自身特有的鬥志，更見其理想性色彩之濃烈。不過，如果單純地從效果觀之，或許又進一步加深了人們對其「迂闊」的認同。概言之，孟子力圖於「時」的歷史性中展開其理想，但是，卻又由於過於強烈的主體擔當意識，從而相對忽視了「時」的意義，難免使其理論帶上濃鬱的「好辯」與「迂闊」味道，亦即是說，他努力於「辯」中貫徹「中道」，但卻又是不甚成功的。

總之，「中道」的踐行離不開對「時」的關注，孟子一方面對天之「時」予以重視，強調人之行需依「時」而動，突出天之「時」對人為所具有的意義，實際上即是就天道相對於人道的意義做出了深刻的反省；另一方面則是對人之「時」的關注，這是更為根本的內容，從人道層面關注「時」，亦即體現了對人倫之德的恪守和追求，突出道德合宜性在「中道」思想中的重要意義。換言之，對天之「時」和人之「時」的關注，是「中道」所不可或缺的內容，當然，依據孟子有關天人關係的思想，天之「時」與人之「時」的區分又是相對的，兩者一定意義上統一於德性之仁義。不過，應該指出的是，孟子對「時」的關注也是有其局限的，當與人及人的主體性相碰撞時，「時」

〔註53〕《孟子・公孫丑上》

及其意義便又相對地黯淡了，尤其是在「好辯」的問題上，過於強烈的擔當意識和理想主義色彩，都在一定意義上表明，孟子並沒有能夠切實地因「時」而「中道」。

第三節　經與權——「中道」的總則

在孔子的哲學思想中，仁固然是最高的德性之則，不過，他也給予「權」以足夠的重視。「可與共學，未可與適道；可與適道，未可與立；可與立，未可與權。」〔註54〕所「立」者，當然是以經的形態展現出來的「道」，但在孔子看來，固執於「道」，往往會陷入僵化、武斷，在這個意義上，守經之原則比通權達變更為容易；他意在表明的是，權的施行並恰到好處，乃是充滿困難的，但同時，權又是德性及其原則能夠現實化所必需的，相對於純粹的立於道，因「權」而「立」，具有更高的價值。不妨如此說，怎樣合理地處理立於道與行權的關係，這是將仁道從純粹理想下落到現實的極為重要的環節，而權所具有的靈活性和調適性功能，便成了經權關係得以合理展開的活力之所在。當然，必須注意到的是，孔子又始終是將經作為根本的，「君子無終食之間違仁，造次必於是，顛沛必於是。」〔註55〕不論現實中怎麼樣去行權，都是不能違背經（仁）的，否則，不但不能成就仁，反而使權也失去了其所必具的意義，很容易陷入「鄉愿」的圇圄。

1、經和權的獨斷與包容

至於經與權的關係，乃是孟子「中道」的總體原則，在一定意義上，「中道」於現實中切實貫徹的過程，實即經與權的關係的互動展開。孟子在繼承孔子相關立場的基礎上，對經權關係做出了較具時代氣息的發展。眾所周知，孟子在經權關係上的主張，集中體現在他與淳于髡的如下論辯中。

> 淳于髡曰：「男女授受不親，禮與？」
>
> 孟子曰：「禮也。」
>
> 曰：「嫂溺，則援之以手乎？」

〔註54〕《論語・子罕》
〔註55〕《論語・里仁》

曰:「嫂溺不援,是豺狼也。男女授受不親,禮也;嫂溺,援之
以手者,權也。」

曰:「今天下溺矣,夫子之不援,何也?」

曰:「天下溺,援之以道;嫂溺,援之以手──子欲手援天下乎?」
〔註56〕

此處的往復論辯,想要表達的意思主要有下列兩點:男女授受不親,究竟是
不是禮?如果是禮,那麼若是嫂子落水,該不該伸手去救?如若單純地從形
式邏輯上觀之,那麼,淳于髡所持有卻又未明言的主張,確是無可厚非的。
而在孟子看來,男女授受不親固然是禮,也就是說,他承認了淳于髡所預設
的前提,因為禮在一般意義上是與仁義相吻合的;但是,他卻並沒有得出類
似於淳于髡的結論,而是將不伸手救人視為禽獸之舉,因為依孟子之見,在
嫂溺的情況下,男女授受不親儼然成了貫徹仁義的障礙。在一定程度上,孟
子肯定男女授受不親屬於禮,也就相當於斷定了它獨斷性的一面;但是,這
樣的意義卻又是內契於更具本質性的仁義的,所以相對而言,禮又是等而次
之的形態,當然,這也並不意味著全然將禮與非仁義相對等,而更多地是因
應嫂溺這一特殊情況。誠若黃宗羲言,「稜角多,全無渾涵氣象,何以學為?」
〔註57〕如若只是一味地強調守持外在的禮,那麼,貌似貫徹了仁義並展現了
其意義,但是,往往是缺乏現實針對性和生機活力的,「稜角多」更多地意味
著固執和僵化,從而根本上違背德性的本義,其後果在嫂溺這件事上的體現,
便是生命的隕落和人性的坍塌。

更確切地說,在孟子看來,包括男女授受不親在內的禮,作為仁義的形
式層面的載體,在一定意義上內涵著仁義的實質,因而具有一定的普遍性,
相應地可被視為經的形態;但是,這種普遍性又並非禮自身所固有的,而更
多地是因為與仁義相契合而成立的,因此,作為外在表現形式的禮,是具有
濃重的相對性意味的,基於這種相對性而追求仁義(經)便是權。在這一點
上,王陽明的相關論述也是與孟子的立場相呼應的,「若徒拘泥於古,不得於
心,而冥行焉,是乃非禮之禮,行不著而習不察者矣。」〔註58〕禮作為德性

〔註56〕《孟子・離婁上》
〔註57〕〔清〕黃宗羲:《明儒學案・東林學案二》,北京:中華書局1985年版,第1436
頁。
〔註58〕〔明〕王陽明:《王陽明全集》,上海:上海古籍出版社1992年版,第202頁。

的承載者和表現形式，在具體的展開過程中，是以合德爲其本旨的，如果有違於根本的仁義，那就只能是徒有禮之形式的「非禮」，因而，對之「行權」是必須的。在孟子看來，就是否援手救嫂這件事，若是從出發點和目的而言，並非意在非仁義的授受，而是以如何挽救生命爲問題的焦點〔註59〕，所以，援手相救在根本上是合乎仁義的，相反，男女授受不親則成了「非禮之禮」。亦如王陽明進一步將禮與「時」相結合，認爲「禮以時爲大」〔註60〕，禮具有一定的具體性的特徵，須以相應的時空條件作爲是否適用的重要依據，當然，對「時」的突出又並不意味著相對主義，因爲對具體境遇相對於禮的意義的突出，是以追求合乎德性並彰顯其價值爲內在目標的，這也是孟子所謂「權」的應有之義。

因此，權的性質取決於經及其性質，前者的靈活變通性及其限度，始終在後者自身之內，是後者於動態過程中的現實貫徹，而權雖然打破形式層面的普遍性，但卻又因經而獲得內質層面的普遍性。至於權的性質及經權之辨，馮友蘭曾經指出，「道是原則性；權是靈活性。靈活性，在表面上看，似乎是違反原則性，但實質上正是與原則性相合。」〔註61〕這與孟子的立場是一致的，即權的靈活性及表面「逆反」性，在更深的意義上卻是對經的恪守〔註62〕。在孟子「中道」的視野中，對人之生命的關注彰顯著仁義，也正是對經的實質層面的恪守，而爲權所突破的，更多地是形式上對經的依附性內容。若是結合禮的實質意義言之，正如朱熹所指出的，「權而得中，是乃禮也。」〔註63〕因「權」而「中」，正是仁義之道與「時」的最佳結合，用孟子自己的話說，「援之以道」方是合乎「中道」的禮：如果說「援之以道」更多地是經的層面的內容，那麼，「援之以手」則相應地體

〔註59〕至於是否伸手援嫂，其中有一個隱性的問題，就是嫂的善惡，如果嫂是惡的，那麼，是否要以手援之？然而，由於孟子以挽救生命爲其焦點，這一問題便又成了假問題，而且，在其性善的基本立場下，即使嫂是惡的，但在保全嫂的生命的前提下，還是可以對之施以改造之功，並使之趨向於善的。或許，也正是因於此，孟子才避開嫂自身的性質，而「武斷」式地要求「援之以手」。

〔註60〕〔明〕王陽明：《王陽明全集》，上海：上海古籍出版社1992年版，第203頁。

〔註61〕馮友蘭：《中國哲學史新編》（上），北京：人民出版社1998年版，第163頁。

〔註62〕當然，有些學者認爲權是需要通過對經的調整和改造來實現的，這樣的論點是值得反省的，因爲如果問題真的是那樣簡單，那麼，經與權之間就沒有什麼可以值得討論的了，以單純地消解張力的方式處理經權關係，顯然是有違「和而不同」的「中道」精神的。

〔註63〕〔宋〕朱熹：《四書章句集注》，北京：中華書局1983年版，第284頁。

現了權的維度，後者的具體展開，正是切合於前者的，並且以前者爲實質性的內容和所追求的目標，而兩者的交結點則是「時」(嫂溺)。質言之，權所體現的是經與「時」之情境性的動態合一，當然必須指出的是，此經必須始終是更高層次上的經〔註64〕，而對那些較低層次的且應該納入權的範圍的經，是不能作爲權的依據或準則的。

值得注意的是，對於淳于髡的追問——「今天下溺矣，夫子之不援，何也？」孟子所予以的回答貌似具有一定的戲劇性，並有著爲自己開脫的色彩，但從中所透露出來的哲學意義卻又是頗深的。首先，表面上「援之以道」與「援之以手」是有差別的，而且，孟子確實也是在故意強調兩者的相異性，但在嫂溺是否救之這件事上，兩者實際上都是「援之以道」，只是與現實相關聯的緊密度存在著差異，前者可以視之爲「在我者」，而後者更多地是與「在外者」相關聯的；其次，「子欲手援天下乎？」孟子是以反諷的語氣，呼應了他在經權關係上的根本立場，「援之以手」只能作爲具體境遇中的權的形態而具有自身的意義，其背後是以「道」爲支撐和指向的，而「手援天下」則是執著於「手援」之權，便會因權之不當，最終必將有害於經，而在孟子看來，有損於經的權是沒有意義的，所以，他以反問的方式否定了「手援天下」；再次，孟子於回答中突出的是對「時」的無奈，既然確認援天下是「援之以道」，卻又不力圖在具體的行動上有所實踐並爭取成功，那麼，合理的解釋只能是因爲其「時」還不能「援之以道」，正如他自己所說的，「由今之道，無變今之俗，雖與之天下，不能一朝居也。」〔註65〕顯然再度強調了「時」對於權的重要意義。

至此，不妨對孟子視閾內的「權」作一具有總結性的論說。從動態的層面而言，權顯然也是與「時」相聯繫的，要求打破缺乏歷史性的陳規，依據現實採取適恰的行動，這也正體現了「中道」精神之「時」的意向，「時」本身也是貫穿於權之中的，構成了權的重要前提，權則也相應地要求合於「時」，是因應「時」變意義上的動態展開，概言之，相對於權在思維層面的內容，

〔註64〕至於道德原則，它自身是在統一中而具有層次性的，較低層次的德性原則，必須服從於更高的、更爲根本的原則，否則，便將成爲權的對象。就此而言，相對於道德行爲的可選擇性，道德原則便又是不可選擇的，更內在的意思是，人們只能考慮怎樣在選擇具有道德性質的行爲時，更好地貫徹並體現道德原則，而不是考慮道德原則如何更適合道德行爲。

〔註65〕《孟子·告子下》

孟子更將「時」視爲權之靈活性和現實性的源泉〔註66〕；其次，從形式的層面而言，權無疑是與禮相聯繫的，當然，這樣的一種聯繫更多地並不是正向的聯繫，而是一種反向的聯繫，即權顯然是針對禮的，是包容形式上的不合禮的，進而克服因禮而產生的「執」，不過，權也並不是一味地否定禮，至於禮之守或棄，其關鍵便是禮之合「道」與否；再者，從實質的層面而言，權必須以仁義作爲自身的根本，即權不容實質上的背德，在人文領域之中，無論是對「時」的關注，還是對禮的「行權」，都必須以合乎仁義作爲其根本性的、終極性的原則和衡量因素。此外，有必要作出說明的是，這裡做出了三個層面的分析，但是，這三個層面又並不是彼此分開的，而是交織在一起的，在孟子看來，對禮「行權」實質上也體現著「時」的意義，並以仁義作爲其合理性的來源，如果一味地在三者間做切割，那麼，「中道」的意義容易因此而失之於偏頗。

誠然，若是自一般意義而言，對經的堅定性或原則性的突出，與對權的變通性或靈活性的強調，這無疑是一個相向推進的過程。但是，在「中道」精神下，一方面固然使得經和權之間的張力進一步凸顯，但是另一方面，卻又試圖使張力因爲權的適當作用而得到協調。在經與權的互動中，兩者間張力的存在甚或擴張是不容否認的，而權的柔韌性或包容性，爲經權關係的展開提供了現實性保障，在豐富經的內涵的同時，也使得經更具有現實品格和價值，從而避免其僅僅作爲一個理想的懸置而存在；與權相對，經的獨斷性或剛性，爲權的「行」做出了基本方向的限定，權無論如何都不能背離經，經乃始終是處於根本性地位的內容。不妨這樣說，作爲「中道」總則的經權關係，其中必然貫穿一條仁義的紅線，一如焦循所認爲的，「權者，變而通之之謂也。變而通之，所謂反覆其道也。……權外無道，道外無權，聖賢之道，即聖賢之權也。」〔註67〕道也是內涵於權的，權是爲了更好地體現和貫徹道，是道在現實層面的必然內容和具體展開，在這樣的前提下，怎麼樣於具有多

〔註66〕 這種動態性的「權」，在荀子的「解蔽」思想中也有其相應的體現，「欲惡取舍之權：見其可欲也，則必前後慮其可惡也者；見其可利也，則必前後慮其可害也者；而兼權之，孰計之，然後定其欲惡取舍。如是，則常不失陷矣。」（《荀子·不苟》）固然，自靜態的角度視之，荀子於此有以「兼」釋「權」的傾向，但是，荀子也是將「權」視爲動態過程，從而要求在具體的考量中達到「兼」，而「權」的最終目標則是「不失陷」，即合於他所倡導的禮義。

〔註67〕 〔清〕焦循：《孟子正義》，北京：中華書局1987年版，第522頁。

樣化色彩的權中貫徹並體現道，那才是更爲切實的思考。總之，權與經的溝通中，經的展開並不意味著與權的絕對對立，同理，權的行使也並不能悖離經。當然，相對於複雜的現實實踐，仁義之德性無疑便是經，而實踐更多地以權的形態表現出來，這兩者之間可能展現爲對立，但是，最終的權仍然是以回歸於德性爲指向的，實質上也就是孟子所說的「反經」。

質言之，孟子所力主的「中道」，是在不背經的前提之下，對權予以關注和貫徹。權在總體上從屬於經，而且其展開始終必須在經的閾域之內，至於權究竟怎樣展現，及展現到什麼樣的程度，則是由人的主觀性可以作爲的內容，從中不可或缺的機制，便是外在的現實條件，即廣義上的「時」，應之以時、應之以地，這是權的現實品格的集中概括。如果權與經相背，往往就會導致以權爲經，亦即以權消解經，問題雖然因此而變得簡單，但是卻於無形中滑向了「鄉愿」；但是，在孟子「中道」思想中，較爲值得注意的卻是另一傾向，因爲孟子並非以權消解經，反而是有著強烈的以經壓抑權的意味，從而使「中道」的獨斷色彩表現得相當明顯。

2、「中道」：「反『執一』」的意義

在先秦儒家的哲學思想中，「權」往往是與「中」相關聯的。不管怎樣具體理解《論語・堯曰》中所引述的「允執其中」，但是，自形式層面強調「執中」的意義，這也該是其中的應有之意，因此，一般而言，權也就是要「執中」，並且以之爲目標。但是，孟子卻基於「中道」的立場，對「執中」作了更爲詳盡的剖析，不再是籠統地將「執中」作爲權的理想形態，而是更加突出權對於「執中」的意義。

> 子莫執中，執中爲近之。執中無權，猶執一也。所惡執一者，
>
> 爲其賊道也，舉一而廢百也。〔註68〕

孟子認爲，「執中」是較近於「中道」的，在這一點上，他也是有見於「執中」相對於「中庸」的意義的。但是，他更爲關注的是，如果「執中」自身缺失了權的維度，那便無異於執著一偏，一定意義上正是對仁義之道的戕害；可以這麼說，孟子力主「中道」，充分意識到權於其中的重要性，從而突出對靈活性、變通性的關注，如何在具體境遇中使「執中」貫徹並體現權，這是「中道」精神具體展開所必須正面的問題。

〔註68〕《孟子・盡心上》

依孟子之見，如若缺乏了以靈活性和創造性爲特性的權，一味地「執中」，也就是以「中」爲一切，那麼，「中」最終只能變成一種僵死的內容。也就是說，在實質意義上，「執中無權」之「執中」，往往是與不顧時措之宜相聯繫的，純粹地以形式之「中」爲目的，在外在表現上也幾乎是合於「道」的，實際上卻正是有悖於「中道」的。朱熹曾注曰，「執中者害於時中。……道之所貴者中，中之所貴者權。」「執中無權」實質上也就是「膠於一定之中而不知變」〔註 69〕。任何道德行爲，無疑是據於人之內心的德性，但它又必須與具體境遇相接洽，因此，作爲向「道」之方的「中」，也必須依「時」而變，如果缺乏了「變」中的適宜性，道德及其準則也只能是一種純粹的理想形態，是不能獲得其相應的現實意義的，只有權才能破「執一」之「中」，還德性及其準則以更爲積極、合理的形態。楊澤波也認爲，「光『執中』還不行，因爲『執中』只是一個總的理論、總的原則，而環境和條件總是不斷變化的，隨著環境和條件的變化，應當對這些理論和原則作適當的變通調整，這就是『權』。」〔註 70〕相對於作爲思維方式或總體原則的「執中」，權更是有著豐富的歷史感和變通性，「執中」無法離開權而獨自地獲得意義，因時因地而權，是「執中」的更具現實價值的內容，爲了「執中」而執中的「執一」思想，只能是一種缺乏現實關懷的思維遊戲而已。

很容易得到確認的是，在形式上，「執中無權」顯然是以缺乏靈活性的絕對主義樣態出現的，但是，若是深究其內容和結果，則它又更多地是一種缺乏原則性的相對主義立場。如前所論，相對於「道」，「中」自身更多地只是方法和表現而已，不具有絕對的意義，它是伴隨著經與權的矛盾與互動產生的，如果不能依持其中的原則性的「道」（經），只是純粹地「執中」，捨本逐末之嫌是不可避免的，因而，「中道」固然無法撇開「執中」而得以展開，但是，「執中無權」卻又是根本上背棄「中道」精神的。可以這麼說，「執中無權」顛倒了目的和手段、實質與形式之間的關係，必須經過荀子式的「解蔽」，方可釐清其中的關係。王陽明說：「中只是天理，只是易，隨時變易，如何執得？須是因時制宜，難預先定一個規矩在。」〔註 71〕雖然在所引中，他是自心性一體的立場出發說明「中」，從而有將「中」與「道」相等同的傾向，但

〔註69〕 〔宋〕朱熹：《四書章句集注》，北京：中華書局 1983 年 10 月版，第 357 頁。
〔註70〕 楊澤波：《孟子評傳》，南京：南京大學出版社 1998 年版，第 202 頁。
〔註71〕 〔明〕王陽明：《王陽明全集》，上海：上海古籍出版社 1992 年版，第 19 頁。

是相對而言，在王陽明的思路中，「天理」還是更爲本質層面的內容；他於此也意在破除單純的「執中」，要求不能以「中」爲目的，「因時制宜」是他所指出的方法，實際上也就是突出了權。當然，說難以預定規矩，只是相對於變易而言的，並非說沒有任何原則性，只是強調不能以「執中」自身爲規矩，「中道」之中的仁義主線是無論如何不能被踐踏的，這與孟子之意是契合的。只有植根於具體情境中，在充分尊重經的基礎性地位的前提下，予權及其作用以高度的重視，進而達到因時、因地而「執中」，才是實現「中道」及其價值目標的合理路向。

在孟子看來，如果無視「中道」之「執中」所本該具有的德性內質，又不能將審視的重心落在「執中」的現實品格上，那麼，此「中」最終易成爲沒有任何道德稟守的內容；毋寧說，「執一」與「鄉愿」是具有共性的，孟子認同孔子的立場，認爲「鄉愿」是「德之賊」，而他之所以反對「執一」，也是因爲「其賊道」，從性質上觀之，兩者都是缺乏德性內容的，從過程和結果觀之，兩者又都對仁義之德構成極大的危害。從他對陳仲子的批判中，也可以看出其中的問題之所在。孟子認爲，「人莫大焉亡親戚君臣上下」〔註72〕，即仁義之大顯於細微，若是缺失了基本層面的仁義，那麼，在更高層面上的仁義，就會因爲缺乏相應的基礎，而成爲縹緲虛幻，而陳仲子卻是自根本上違背這一點的。誠如孟子所說，「充仲子之操，則蚓而後可者也。」〔註73〕如果丟失了根本的仁義，那麼人與蚯蚓無異，又何言更廣範圍內的仁義呢？陳仲子的表現似乎出於並合乎「中道」，但實際上乃是「執中無權」的形態，只能是一種虛假的形式轉換，是於外在「行仁義」，不能掩蓋其實質內容（仁義）的缺失。如果只是因某些方面的仁義之舉，便得出某人乃是仁義之人，這是孟子所反對的，同樣，在一定意義上也應了《老子》文本中相關論述，「自見者不明，自是者不彰，自伐者無功，自矜者不長。」〔註74〕若是就「中道」而言，對四「自」的否定，意味著必須對表面或形式上的「執中」，作出具體而深入的分析，揭露並批判本質上背「道」而馳的「執一」式的「執中」。

「執中無權，猶執一」的正面意向，便是凸出「執中用權」，在孟子那裡，「執中用權」的「中道」精神，被作爲一個具有關鍵性意義的內容提出來，

〔註72〕《孟子・盡心上》
〔註73〕《孟子・滕文公下》
〔註74〕《老子・二十四章》

並且相應地具有了更爲鮮明的實踐精神和現實情懷，這是他對「中庸」思想重要的豐富和發展。一方面，不可將「執中」淪爲僵死的規範或原則，「執中」無法也不能沒有其現實性，否則，缺乏權（靈活性和變通性）的「執中」只能是形式上「執一」；另一方面，「反對執一」，並不意味著否定普遍原則或規範的作用，毋寧說，它在某種意義上乃是爲了使普遍規範的作用得到更好的體現。」〔註75〕也就是說，「執中」又必然是規範或原則，只是這樣的「執中」並不僅僅是形式上的，而更多地是本質層面的，「執中」必須以貫徹並體現仁義之德爲其本，而權則是達到這一目標的必需，這也是「中道」的更爲深層的意義。質言之，孟子反對「執一」，是反對將「執中」過於形式化、規則化，防止由「執中」而走向心理、行爲等層面的定勢，從而有違「中道」的「中」和「時」的根本意義，防止和消除「執一」的有效方法，便是對「執中」行權。

經權關係問題是孟子「中道」思想的焦點，對它進行解析，是深入透徹地理解孟子「中道」思想的必需。總體而言，「中道」是在不背經的前提下，對權予以關注和貫徹，而權又在根本上從屬於經，始終必須在經的閾域之內。當然，孟子明確反對「執一」式的「執中」，但這並不等同於反對權，而是力主「執中用權」，反對將「執中」發展爲一種偏執，主張要在動態的過程中體現經與權互動的「中道」之意。由此可見，孟子相當重視權的作用，因而使「中道」表現出一定的相對性，但即使是這種意義上的相對性，也是以蘊涵絕對性的經（仁義）作爲依據的，是寓絕對性於其中的相對性；毋寧說，孟子對權及其作用的重視，固然在一定意義上豐富了「中道」的內涵，但是，他對權的德性之旨（經）的突出，又於無形中爲「中道」增添了絕對主義色彩。

第四節　「不爲」的「中道」意向

毋庸置疑的是，孔子曾經說過，「無爲而治者其舜也與？夫何爲哉？恭己正南面而已矣。」〔註76〕有將「無爲」視爲治國之道的傾向，而至於「無爲」的表現及其結果，則是莊嚴地端坐朝廷（「恭己正南面」），在此意義上，「無

〔註75〕楊國榮：《善的歷程——儒家價值體系研究》，上海：上海人民出版社2006年版，第63頁。

〔註76〕《論語・衛靈公》

爲」便又相應地以具體的「術」的形態展現出來。當然，孔子視野內的「無爲」，始終是以現實問題爲其所指的，面對有人所提出的「子奚不爲政？」孔子作出了富有針對性的回應，「書曰：『孝乎惟孝，友於兄弟，施於有政。』是亦爲政，奚其爲爲政？」〔註77〕斷然否認將「爲政」視爲現實政治的目標指向，而主張以契合德性作爲「爲政」的目的，就此而言，形式意義上的爲政又具有其自身的相對性，而更爲重要的是，刻意爲政必將導致恣意作爲，所以，有所不爲意義上的「無爲」，便成了孔子必須關注的內容之一。但是，必須再次突出的是，「無爲」在孔子那裡並不具有絕對性的品格，「無爲」是以仁和禮作爲其合理性的來源的，「見義不爲，無勇也。」〔註78〕那些符合德性之本旨的，便是應該作爲的，如果不作爲，那就是不道德的行爲。很顯然，在孔子看來，「爲」或「無爲」都以合於德爲其根本，從中內涵並體現著「中庸」的哲學精神。

1、「不爲」與「無爲」

　　單純地就文本而言，孟子並未像孔子那樣將「無爲」提升到治國方略的層次，在一定意義上，便可以更有力地避免突出「無爲」的一無所爲義，以防導致消極作爲或不作爲。在孟子那裡，「無爲」更多地是以「不爲」的形態展現出來的，而這樣的「不爲」具有了更爲豐富的現實針對性，成了孟子合理、明晰地表達其「中道」所不可或缺的內容。

　　先秦諸子之中，老子是主張「無爲」，並將之系統化的重要人物。他以「無爲」作爲「道」的根本特徵，同時也視之爲上達於「道」的必需，「『道』常無爲而無不爲。」〔註79〕此處的「無爲」，與孔子所主張的「無爲」，儼然有著哲學內蘊上的差異：「道」更多地已經不是現世治理之道，而是以天地萬物的本然之態爲其根本和訴求的至道，就其一般意義而言，是與現世（確切地說，應該是儒家視野中的「世」）有其相左的一面的；「無爲」自身更多地也不是「術」的層面的內容，而是含有了本體的意味，也就是說，相對於現世的治理，「無爲」好似也成了治理的目的，這與孔子所說的「恭己正南面」是不能等視的。「（是以）聖人處無爲之事，行不言之教；萬物作而弗始，生而

〔註77〕《論語・爲政》
〔註78〕《論語・爲政》
〔註79〕《老子・三十七章》

弗有，爲而弗恃，功成而弗居。夫唯弗居，是以不去。」〔註80〕老子的聖人理想以順「道」爲其根本，而「道」又以「無爲」爲特性〔註81〕，拋卻人爲層面上的「始」「有」「恃」「居」，切實地貫徹「無爲」的本旨，是達到「道」的唯一徑路。

　　若是作進一步考察，那麼，老子將「無爲」視爲「道」之根本特徵的現實基點何在？這是全面、合理地理解老子「無爲」思想的關鍵所在。「將欲取天下而爲之，吾見其不得已。天下神器，不可爲也，（不可執也。）爲者敗之，執者失之。（是以聖人無爲，故無敗；無執，故無失。）……是以聖人去甚，去奢，去泰。」〔註82〕不難看出，老子所理解的「爲」，是「甚」「奢」「泰」層面上的，也就是說，都是過分或過度的作爲，往往都表現爲「執」的形態。以此而論之，「無爲」作爲對「爲」的否定，便是意在突出人不能肆意作爲，相反，必須守持作爲所應有的「度」，否則，就會導致失敗並造成破壞。在老子看來，最基本的「度」便是「道」，而此「道」又是與「自然」（本然）緊密相聯的，因此，「無爲」對「度」的關注，便內涵於對本然之「道」追索之中，最終使它與儒家對人及仁道的關注相背離。正是基於此，老子提出了「爲道」的總則，「爲學日益，爲道日損。損之又損，以至於無爲。無爲而無不爲。取天下常以無事，及其有事，不足以取天下。」〔註83〕爲了恢復到本初的自然狀態，他要求禁絕人的隨意作爲，但是，這樣的「無爲」卻又無法擺脫絕對化的危險，不辨「爲」的性質而一味禁絕，是值得深刻反省的。不妨這樣說，在反對人的刻意作爲上，老子與孔、孟是有共同立場的，只是老子在這一點上走得更遠，在將「無爲」本體化的同時，無疑也使它的意義絕對化了，以至有以全然不爲作爲合「道」的最佳形態的傾向，而以「無爲」爲目的，便很容易陷入悲觀棄世的境地，最終使得人及人爲的意義，在本然之「道」面前成了虛無縹緲。

〔註80〕《老子・二章》

〔註81〕不容否認的是，在秉持天道的基礎上，道家有著將人道納入天道的傾向，因而相應地導致人自身被「矮化」，但這本身並非全然只具消極意義，或許正是這種經過「矮化」的人，才能使人更加明晰人自身的存在和意義，合天道爲合人道提供了一個必需的視野或參照，這對於克服現實層面的「仁義」的過於形式化和外在化，具有較爲積極的意義，而且在一定意義上，這或許也是孟子將「時」天和「不爲」作爲「中道」的不可或缺的意向的原因之所在。

〔註82〕《老子・二十九章》

〔註83〕《老子・四十八章》

　　相對於老子的具有濃厚本體色彩的「無爲」，孟子所常言的「不爲」，往往始終不離日常，其意除了以審視的目光拷問現實之外，更是以否定的語言織建著哲學的理想。當然，《孟子》文本中也有兩處提及「無爲」，但是，它們與老子主張的「無爲」還是有顯明差異的。「非仁無爲也，非禮無行也。」〔註84〕如果不符合仁和禮，那麼便就不能去做，很顯然，「無爲」的要求是以合乎仁、禮爲出發點的，其正面的意義便是，行爲主體在具體的行爲過程中必須恪守仁德，以德性作爲行爲的原則和奮鬥的方向。也就是說，孟子視野中的「無爲」（即「不爲」），是服從並服務於德性的基本方向的，反對人的恣意作爲，是爲了更爲合理、積極地實現德性的理想。「無爲其所不爲，無欲其所不欲，如此而已矣。」〔註85〕從德性的基本理念出發，不能做所不該做的事情，與老子一味地強調「無爲」，並進而將之昇華爲本體層面的內容不同，以契合仁德的內容作爲「無爲」的支撐，這乃是孟子「不爲」思想的核心意旨。

　　至此，可以這麼說，鑒於人的過度作爲所可能帶來的嚴重後果，孟子因而提出了「不爲」的要求，相對而言，這是與老子相一致的。孟子也說，「人皆有所不爲，達之於其所爲，義也。」〔註86〕由契合仁義的「不爲」，進而達到無所不爲的境地，這也貌似與老子所說的「無爲而無不爲」的目標相近，然而，兩者還是有著相當的差異的。不論是「不爲」，還是「爲」，在追求適度的背後，孟子都是以合乎德性作爲其考量因素的，是以人及人爲的意義能否成就，作爲「不爲」或「爲」的合理性的來源的，相較於老子於「無爲」中突出「自然」（或本然）的價值，孟子的「不爲」所蘊含的仁道意味是相當濃厚的。因此，就「不爲」而言，雖然在致思進路上，孟子與老子有一定的可比性，但是由於基點上的差異，兩者最終還是得出了相迴異的結論。老子追求本然之「道」，從而更多地將「無爲」演繹成順應「自然」（本然），那麼，相對於人的能爲和作爲，「無爲」便佔據了絕對的上風；而孟子據於仁義的基本精神，以仁道作爲「不爲」的主軸，將「不爲」視爲合理作爲所必須考慮和重視的維度，從而使「不爲」成爲上達德性目標的過程中，所不可或缺的具有重要現實意義的環節。

〔註84〕《孟子‧離婁下》
〔註85〕《孟子‧盡心上》
〔註86〕《孟子‧盡心下》

　　質言之，老子將「無爲」視爲「道」的核心要素，同時，它也是達到「道」的必要方式或途徑，當然，這是對人世間幾近於機巧性的「爲」的反叛，即正是鑒於機巧性的「爲」的濃重的過度理性色彩，故此，在實現「道」的問題上，老子才主張採取一種非經驗的、非理性的樣式，因而「無爲」在起初意義上也並非純然的一無所爲。不過，另一方面，正因爲老子所力主的「無爲」，採取的是非理性的進路，而且，又經過了本體化的「加工」，所以往往給人無所適從的感覺，有著被視爲絕對無所作爲的趨向，這也是矯枉過正的理論自身所無法避免的。在以批判的視野反思現實這一點上，孟子所主張的「不爲」，是可以與老子的「無爲」相溝通的，即都注意到了爲所不當爲的嚴重後果，孟子的「不爲」實際上蘊含著適度作爲的訴求，但是，孟子的理論基點，不在老子意義上的「自然」（本然）之「道」，而是在本然之「道」基礎上成長和發展起來的人。因此，孟子沒有將「不爲」推向極端，而是以「中道」框範「不爲」，將它納入「中道」的整體意義之中，重點突出人的積極且合理的作爲過程，根本上不同於老子式的以「無爲」取消人爲的傾向。

2、「中道」：「不爲」的應有之義

　　孟子以「不爲」自否定層面爲「中道」做提示或規定，而具體的提示或規定自身又必須依守「中道」的基本精神，即以內合於仁義作爲其目標。在孟子看來，出自於「中道」的「不爲」，實質上乃是積極作爲的重要前提，甚或其本身就是一種主動的作爲，「不爲」與「爲」之取捨，是以適度爲其權衡標準的，他力圖在兩者的互動中彰顯「中道」的意義。

　　在孟子的視域中，對積極的「不爲」的強調，也就是要求不爲不該爲之事，以避免過或不及，體現了對「中道」之合宜性的追求。至於盲目作爲及其後果，在他所列舉的「揠苗助長」的寓言中得到了集中的表達，以他的話說，便是：「以爲無益而舍之者，不耘苗者也；助之長者，揠苗者也。非徒無益，而又害之。」〔註87〕無視萬物存在和發展的實際，純粹依照人自身的意願處理人與其外界的關係，這與一味地不作爲類似，也是極爲有害的。孟子主張循天道而有所積極的「不爲」，當然，這樣的「不爲」又是以認知上的有爲爲前提的，即只有認識到「爲」與「不爲」的合理限度，才能做到對萬物

〔註87〕《孟子‧公孫丑上》

及其發展不橫加干涉，毋寧說，因物而「不爲」，內含和體現著更積極的作爲的追求，這樣的作爲對防止失度是有重要意義的。當然，孟子此寓的本意是，突出「配義與道」對於「養浩然之氣」的意義，反對「義襲而取之」，強調德行對於德性提升的重要性，也就是說，德性層面的有所不爲乃是必需的；但是，正如《周易》所謂的「推天道以明人事」，人在德性層面的積極「不爲」，一定意義上也是以天道作爲重要依據的，而孟子的「不爲」要求，所含有的重視天道的意向，也體現了其德性意義。除此之外，至於人類社會發展中盲目的不量力而爲，如「墨子兼愛，摩頂放踵利天下，爲之。」〔註88〕孟子也是予以反對的，無視人的作爲所本有的可能性限制，那麼，這種「爲」只能是美好的願望或單純的理想，在結果上與無所作爲是沒有什麼差異的，甚至爲害更烈，因而還不如「不爲」。

與積極的「不爲」相對的，則是爲孟子所批判的消極「不爲」，依他之見，一味地「不爲」，是有違「中道」精神的，自形式上而言，它往往採取無所作爲的行爲方式，是典型的「不及」，自其實質而言，它則是根本上悖逆仁義的。在與梁惠王論政時，孟子便尖銳地指出：「狗彘食人食而不知檢，塗有餓莩而不知發；人死，則曰，『非我也，歲也。』是何異於刺人而殺之，曰，『非我也，兵也。』王無罪歲，斯天下之民至焉。」〔註89〕「不檢」「不發」往往是基於一己之私而不作爲，其結果便是「民有饑色，野有餓莩」，孟子認爲消極「不爲」乃「無異於率獸而食人」。如果上升到人物（禽）之異的角度言之，則「無異於率獸而食人」便意味著，人與人之間最起碼的同類相憫之心都喪失殆盡了，因此，便將人降到了與獸相等同的位置，這正是孟子所痛斥的。孟子爲民代言，致力於推行穩固的王道，而這些又需要經過對消極「不爲」的批判，進而在消極「不爲」與積極「不爲」之間的擇選中，彰顯「中道」的現實意義。從此處也可以看出，孟子所主張的「不爲」，是有其積極作爲的意向的，並不是純粹的不作爲，相反，現實政治層面的一味的不作爲，是不仁不義之舉，更多地是與「私」相聯繫的，「楊子取爲我，拔一毛而利天下，不爲也。」〔註90〕因私而不爲，在孟子的「中道」視界中是不能存在的。

〔註88〕《孟子·盡心上》
〔註89〕《孟子·梁惠王上》
〔註90〕《孟子·盡心上》

　　孟子還通過將「不爲」與「不能」區分開來，以批判消極的「不爲」，從而進一步明晰「不爲」的意義。

　　　　挾太山以超北海，語人曰，「我不能。」是誠不能也。爲長者折
　　枝，語人曰，「我不能。」是不爲也，非不能也。故王之不王，非挾
　　太山以超北海之類也；王之不王，是折枝之類也。〔註91〕

「不能」是由於人自身能力所限，從而不可能達到某種預想狀態，亦如將泰山夾在胳臂底下跳過北海（「挾太山以超北海」），而至於這一點，孟子是予以正視的；亦即是說，對於超出人的能力（所能爲）的事情，他也是主張「不爲」的，否則，過於勉強的作爲，無疑也會導致不利於人的後果。在這個意義上，「不能」與「不爲」之間是有著聯繫的，即因「不能」而「不爲」，是與實際境況相符合的，也是適度的、合宜的，誠乃積極的「不爲」。但是，孟子著力關注的是力所能及之內，並且本質上是合乎仁義的事情，如果不去做這些事情，在他看來，便是典型的消極層面的「不爲」，誠若替老年人折取樹枝（「爲長者折枝」）之類。當然，依照孟子的一貫路向，他此處剖析並批判消極的「不爲」，人的能力只是一個重要的前提，而更爲根本的要素則是德性，他之所以反對消極的「不爲」，更多地是自仁義道德的角度做出的。質言之，只有揭露並批判背棄仁義的消極「不爲」，才有益於喚起人們的德性自覺，並進而激勵主體在德行中不斷提升道德境界。

　　至此不妨說，與「中道」相關聯的「不爲」，既涉及「不爲」與「爲」的關係，從中也內含積極「不爲」與消極「不爲」的關係。依孟子之見，「人皆有所不爲，達之於其所爲，義也。」〔註92〕「爲」與「不爲」之間，乃是以是否合乎義爲圭臬的，程子也有類似的表達，「君子有爲於天下，惟義而已，不可則止，無苟爲，亦無必爲。」〔註93〕在「爲」與「不爲」之間，義是出發點和品評標準，實際上也就是要求，「不爲」與「爲」必須以「中道」爲其旨。而王陽明的有關評述更是精當，「不當行而行，與當行而不行，其爲取辱一也。」〔註94〕自德性的層面觀之，做不該做的事與不做該做的事，就兩者之違背仁義的實質而言，是沒有差異的，如何眞正地做該做的事，同時又不

〔註91〕《孟子・梁惠王上》
〔註92〕《孟子・盡心下》
〔註93〕〔宋〕程顥、程頤：《二程集》，北京：中華書局 2004 年版，第 1243 頁。
〔註94〕〔明〕王陽明：《王陽明全集》，上海：上海古籍出版社 1992 年版，第 801 頁。

做不該做的事，這就要求以「中道」作爲其規範性力量，並在「爲」與「不爲」的互動中體現「中道」。質言之，一方面，積極「不爲」與適度「有爲」是可以溝通的，同理而論，消極「不爲」跟「苟爲」或「妄爲」也是類似的，而以積極「不爲」（亦即「爲」）替代盲目的「爲」或消極的「不爲」，則在一定程度上確認了人的適度作爲的意義；另一方面，將「不爲」及其推展視爲義的重要一翼，使更多地帶有認知和踐履性質的「不爲」，昇華到德性層面的義，進而順利地實現天與人之間的互動，這也是與「中道」的價值取向相一致的，在一定意義上正體現了德性的剛性品質。

也正是基於對積極「不爲」之實質的清醒認識，以及對消極「不爲」及其惡劣後果的正視，孟子指出，「今夫天下之人牧，未有不嗜殺人者也。如有不嗜殺人者，則天下之民皆引領而望之矣。」〔註95〕「不嗜殺人」正是切中了民生之欲，這種積極的「不爲」，在合乎人性的同時，也表現了王公大人所具之仁德；也就是說，「不嗜殺人」就此成了積極的「不爲」的形態，它是推行仁政的重要途徑和保障。眾所周知，孔子主張「無求生以害仁，有殺身以成仁。」〔註96〕固然是就主體之德所提出的要求，但是，因「害仁」和「成仁」的本質之異，而產生的不作爲與作爲的抉擇，與孟子對積極「不爲」的強調有著同工之妙，「不嗜殺人」和「無求生以害仁」一樣，都是以不悖逆仁義爲其根本的。

在孟子看來，「施仁政於民」〔註97〕，有幾個環節性內容，不施過重的刑罰，不徵苛稅，這些都是意在表明刑、稅之適度性的重要意義，體現了有所「不爲」在仁政之途上的必要性，它們與後面的「爲」：「深耕易耨」、修「孝悌忠信」，共同構成了仁政的程序性因素。亦即是說，孟子固然主張勞心者（治人者）「食於人」〔註98〕，因而不反對稅斂，但是基於現實，他卻不主張稅斂的過重，否則，民將遭遇生存危機，因此，「省」「薄」所體現的適度「不爲」，無疑乃是仁政的積極意向。程子言曰：「君子不輕天下而重其身，不輕其身而

〔註95〕 《孟子·梁惠王上》
〔註96〕 《論語·衛靈公》
〔註97〕 《孟子·梁惠王上》：「王如施仁政於民，省刑罰，薄稅斂，深耕易耨；壯者以暇日修其孝悌忠信，入以事其父兄出以事其長上，可使制梃以撻秦楚之堅甲利兵矣。」
〔註98〕 《孟子·滕文公上》：「或勞心，或勞力；勞心者治人，勞力者治於人；治於人者食人，治人者食於人，天下之通義也。」

重天下。凡爲其所當爲，不爲其所不可爲者而已。」〔註99〕考察「爲」與「不爲」所蘊含的道德價值，從而做出適恰的選擇，因不當爲而「不爲」，相對於價值追求本身而言，就是積極的「爲」；若進而結合個體與天下之間的協調，則個體與天下實爲相關聯而互動的，「爲」不當爲或「不爲」所當爲，則二者皆損，「爲」所當爲或「不爲」所不當爲，則二者皆益。概言之，在孟子那裡，仁作爲人的基本德性特徵，其中重要的方面，便是不同類相殘，而他將「不嗜殺人」視爲仁德的不可或缺的內容，即將「不爲」違背人倫之事視爲仁人或仁政的正面意向，也以「不爲」爲個體對天下的道義責任作了規定。

綜而言之，「不爲」作爲《孟子》文本中出現頻率較高的詞彙，其背後滲透著強烈的「中道」韻味，而其他一些與「不爲」意思近似的語詞，也內含著與之相近的哲學意蘊。與老子「無爲」的思想相類似，爲孟子所主張的「不爲」，意在檢討過分作爲或爲所不當爲，因而，要求「不爲」，也就是對合理作爲的突出；當然，「不爲」又不等於老子視野中的「無爲」，因爲後者具有濃鬱的本體色彩，而「不爲」則更多地限於在思維路向和行動準則上，爲貫徹與落實「中道」提供具體指導。總之，「不爲」爲「中道」提供了一種基於現實的具體行事方式，同時更是「中道」思想的重要內容，從中也體現了「中道」的意義。

〔註99〕〔宋〕程顥、程頤：《二程集》，北京：中華書局 2004 年版，第 1247 頁。

第三章 「中道」與性善

　　性善是孟子哲學中極為重要的主張，也是「中道」思想的基礎性依據。「中道」與性善之間的關係是錯綜的，性善的主張力圖貫徹和體現「中道」原則，而「中道」又是以性善的內容為其內核的。孟子所力主的性善，無疑充滿著濃鬱的先天既成色彩，但是，他卻並沒有排斥其後天生成性，相反，鑒於性善與經驗現實之間的張力，作為德性反省的「思誠」，成了性善的必要內容，而對道德踐履及其相對於性善的意義的關注，也是「中道」視野中性善的本有意向。「是非之心」作為孟子性善論的立論基據——「四端」〔註 1〕之一，是智的根本內容，而智則是其展現形態，智與否，是能否「中道」而行的內在機制，據孟子的立場，智既是認識論層面的，更是價值論層面的，而這兩方面又是不能須臾相離的，它內含於德性並展開於德行，以達到仁智統一的目標，也是在這個意義上，「智」對知、意、情三者的統一具有重要意義，而且其自身也體現了這種統一。性善的展開，離不開現實力量的貫徹和保障，而禮便是其中較為重要的因素，在孟子以「中道」為追求的哲學架構下，禮作為仁義的載體，其背後所挺立的儼然是德性及其價值，而若是自形式觀之，那麼，禮自身的存在又具有相對性，因此，孟子有將禮納入「權」的領域的傾向，並進而依照經權關係的立場，去處理有關「禮」的問題。

〔註 1〕 在本文的具體展開中，「端」是於兩種意義上被使用的：一者是事物的一頭或一方面，誠如孔子所謂的「攻乎異端，斯害也已」(《論語‧為政》)中之「端」；一者是緣起或開頭，如孟子所謂的「四端」之「端」。這兩種意義固然容易被混淆，但是在具體的語境之中，還是能夠被清晰地加以區分的，因此，在後面的相關論述中，不再作特定的區分或說明。

第一節　性善與「思誠」之善

至於人性的起源或原初形態的問題，孔子並沒有過多地展開討論，若是用子貢的話說，便是「夫子之言性與天道，不可得而聞也。」〔註2〕而從整部《論語》觀之，也鑿實如此。「性相近，習相遠。」〔註3〕這是其中唯一論及「性」的地方，但是，他只是肯定人性於其初的相似性，並未對其性質作出界定，相反，卻突出了性在現實展開上的相異性。不過，雖然孔子沒有對人的原初之性作出論說，但是卻自現實出發，提出了向善的要求，「善人，吾不得而見之矣；得見有恒者，斯可矣。」〔註4〕與對聖人的態度相類似，他也認爲嚴格意義上的善人往往是不存在的，只有通過向善過程的累積，才能不斷地趨近於善。相對於單純地討論人性的本質，孔子更多地將注意力放在人之後天成善的過程，主張在努力向善的具體行動中追求善的目標，「三人行，必有我師焉；擇其善者而從之，其不善者而改之。」〔註5〕即通過有德者的範導，及主體自我的內省反求，而後者是更爲根本的內容，從而達到塑造個體德性和促進社會和諧與發展的目標。

1、性善及其張力

與孔子不同，孟子將人之爲人意義上的性，作爲其理論的著力點。若是較爲籠統地說，那麼，孟子是力倡性善的，但是，就他所主張的性善而言，其內涵又是相當複雜和深沉的。既關注於先天始基層面的善性（「端」），又正面性善的過程性意義，而這兩方面間又存有不容否認的張力；不過，正是這樣的張力，才賦予其性善論以更爲豐沛的生命力，具有矛盾性質的因素的不斷互動，凸顯出其切中「中道」的意圖。但必須予以強調的是，「中道」精神下的性善，固然並非絕對內在的先天內容，卻也不等於單純外在的後天努力的結果，因爲自內在德性層面立論，乃是孟子性善主張的核心。

如若要展開有關性的性質的主張，便不可避免地要對性做出相應的區分或界定，那麼，孟子所主張的「性」究竟爲何？首先，幾乎可以肯定的是，

〔註2〕《論語·公冶長》
〔註3〕《論語·陽貨》
〔註4〕《論語·述而》
〔註5〕《論語·述而》

對於所謂的「生之謂性」〔註6〕，孟子也是承認的，他甚至還說，「形色，天性也。」〔註7〕此處所引，至少透露了兩層意思，一是性具有先天的性質，二是一般的性也包括了物性於其中。不過，雖然屬人的性，在孟子的主張之下，具有其先天的意義是無疑的，但是，這種先天性卻不是物性層面的，而是德性意義上的，是著眼於人與物（禽）的本質區分的。可以這樣說，相較於告子的純然以自然物性爲性，孟子也是有見於物性及其現實意義的，但也正是由於這種現實性視野，使得他更多地看到了物性對人之發展所（可能）具有的消極意義，「如將戕賊杞柳而以爲桮棬，則亦將戕賊人以爲仁義與？」〔註8〕物性與德性之間，是有一定的消長關係的，而出於自始基的層次上區分人與物，孟子便撇開了物性意義上的性。概言之，他所聲言的性善之「性」，意在突出人之於物的特異性〔註9〕，而不在於性的自然層面的意義，相反，物性必須經過人的本善之性的改造和協調，方能進而成爲人之爲人的內容。

不妨再來看看荀子有關性的看法，「散名之在人者，生之所以然者謂之性。性之和所生，精合感應，不事而自然謂之性。」〔註10〕顯然，也是將沒有任何人爲色彩的自然性作爲人性的內容，而且還聲言，「夫人之情，目欲綦色，耳欲綦聲，口欲綦味，鼻欲綦臭，心欲綦佚，此五綦者，人情之所必不免也。」〔註11〕就此而言，孟子是與之有類似言論的，「口之於味也，目之於色也，耳之於聲也，鼻之於臭也，四肢之於安佚也，性也。」〔註12〕人的自

〔註6〕 《孟子・告子上》。「告子曰：『生之謂性。』孟子曰：『生之謂性也，猶白之謂白與？』」從兩者的問與答，及接下來的進一步對答中，不難看出的是，與告子相比，雖然在道德始基層面的性上有不同的主張，但孟子卻並未否認性具有與生俱來的一面，即他也肯定廣義的性具有先天性。

〔註7〕 《孟子・盡心上》

〔註8〕 《孟子・告子上》

〔註9〕 勞思光曾指出，「孟子所說之人之性，乃指人所以與其他存在不同之性而言，亦即指『Essence』。學者欲深究人之性，則當觀人之與其他存在不同處，而不可泛舉一『生』釋『性』。」（勞思光：《新編中國哲學史》（一卷），桂林：廣西師範大學出版社2005年版，第122頁）顯然注意到了孟子所謂「性」的要旨，它並非泛泛的「生」的意義上的，固然這一意義上的性也是人所不能相無的，但卻遠不足以將人挺立起來，而眞正使人挺立起來的性，只能是人的與「生」之性不相一致的方面，而且，這些方面必須是僅爲人所擁有的，即所謂的「Essence」──本質性的。

〔註10〕 《荀子・正名》

〔註11〕 《荀子・王霸》

〔註12〕 《孟子・盡心下》

然本能和傾向，也被歸於「性」，在這一點上，孟子與荀子是可以溝通的。但是，面對著自然物性，孟子和荀子採取了截然不同的哲學構思進路，正因爲過多地關注於自然物性的消極性，荀子直接得出了人性惡的結論，與之相反，孟子正視人之自然性及其傾向，但卻又更多地關注人的特有之性的道德和價值義，並認爲後者源自於天且是更爲根本的，是內含自然性卻又超越於純粹自然性的內容。質言之，依其「中道」的立場，孟子注意到，人性並非全然與「生」之性相隔絕，但另一方面，它又是以屬人的先天特性爲基礎的，也正是在這層意義上，成人更多地是自我實現的過程，而這樣的自我實現，並非自然物性層面上的，恰恰相反，較多地乃是自道德倫理而言的〔註13〕。

至於性的內容和性質，與荀子相類似，在始基形態的性上，孟子也有以情爲性的傾向，但是，兩者相迥異的是，荀子由純物性的情，導出人之性爲惡的結論，而孟子卻由具德性品質的情導出了性善。「乃若其情，則可以爲善矣，乃所謂善也。若夫爲不善，非才之罪也。」〔註14〕戴震認爲，此「情」非性情之情，「情，猶素也，實也。」〔註15〕是將「情」視爲性的原初甚或內容，「實」即孟子所謂的「才」。亦即是說，不同於告子僅僅自靜態上觀「性」，孟子在默認「生之謂性」的前提下，將非自然本能層面的道德情感納入其中，而且，將之視爲人性的更爲實質的方面。當然，以德性爲其內質的道德情感（「情」），自其產生而言，是帶有先天色彩的，自其形態而言，它本身仍是感

〔註13〕 據徐復觀先生的論述，「《老子》雖然沒有性字，更沒有性善的觀念：但他所說的德，既等於後來所說的性：而德是道之一體；則他實際也認爲人性是善的。」（徐復觀：《中國人性論史（先秦篇）》，上海：上海三聯書店2001年版，第314頁）他自道、德、性三者關係的角度，推出《老子》文本中有性善的立場，是有一定借鑒意義的。相對而言，老子也認同性乃是未經加工過的內容，雖然他更多地認爲人的這種性並無好壞之分，但是，卻強調人具有清靜無爲的特性，並將這種特性當作值得人一生去護持的方面，「夫物芸芸，各復歸其根。歸根曰靜，是謂復命。」（《老子·十六章》）此處之「根」可以視爲「性」，而此「根」的清靜無爲、淳樸自然，在老子看來具有善的品性，所以，其相關觀點也可被視爲一種性善論的獨特形態。當然，必須予以注意的是，老子純然地將清靜無爲視爲性，強調持守原初的狀態，因而使得性更多地表現爲純理想的特徵；而孟子所主張的本善之性，突出性在原初意義上是一種「端」的同時，也強調了「端」在現實中展開的可能性和必要性，從而使他的性善論一方面固然具有「復性」論色彩，但卻也賦予後天的聖人教化等內容以存在的價值，這顯然符合孟子一貫的內外結合的路向。

〔註14〕 《孟子·告子上》

〔註15〕 〔清〕戴震：《孟子字義疏證》，北京：中華書局1982年版，第40頁。

性的、個體性的，自其發展而言，則內含向現實之善下達的傾向。而且，在孟子看來，作爲道德情感的「情」，在現實化（「擴而充之」）的過程中，是應該且能夠成爲普遍之善的，即可以提升至仁義——道德法則的層面，縱使沒能成就善的現實意義，那也不能否認此「情」及其善，可見，孟子「中道」視野中的「情」——道德情感，與康德的界限林立視閾中的道德情感，是有較大差異的〔註16〕。亦如蒙培元所指出的，此「情」即道德情感，「是心理的，但又是先天的或先驗的，是在經驗中表現出來的，卻不完全是經驗的、實然的。」〔註17〕爲孟子所重視的本善之「情」，固然是先驗的，但是，先驗卻又並不排斥經驗，而是在先驗與經驗、內在與外在的溝通中彰顯性之善的。

具體而言，孟子將「情」區分爲四個方面，具體如下：

> 惻隱之心，仁之端也；羞惡之心，義之端也；辭讓之心，禮之端也；是非之心，智之端也。人之有是四端也，猶其有四體也。有是四端而自謂不能者，自賊者也；謂其君不能者，賊其君者也。
>
> 〔註18〕

〔註16〕 關於道德情感的問題，是存在不同解讀的，這方面的內容，不妨參看李明輝的相關比較。就康德和牟宗三的立場，李明輝指出，依康德之見，道德情感本身是感性的，據其在經驗與先驗之間所劃的界限，那麼，道德情感是無法建立具有普遍有效性的道德法則的；而在牟宗三看來，道德情感是可以上、下講的，下講則落於實然層面，自不能由之建立道德法則，但亦可以上提到超越層面，使之成爲道德法則，通過道德情感的上講、下講，從而貫通超驗與經驗（參見李明輝：《孟子重探》，臺北：聯經出版事業公司 2001 年版，第 112～118 頁）。自《孟子》文本及其主旨而言，牟宗三的論述相對較爲切近，但是，他對上講和下講的區分，也是帶有切割的痕跡的，他在《從陸象山到劉蕺山》中便認爲，「孟子言性善，其言性善之關鍵唯在反對告子之『生之謂性』，其正面之進路唯在『仁義內在』。『內在』者是內在於心。『內在於心』者不是把那外在的仁義吸納於心，合而爲一，乃是此心即是仁義之心，仁義即是此心之自發。……此心就是孟子所爲『本心』。孟子云：『非獨賢者有是心也。人皆有之。賢者能勿喪耳。』此所謂本心顯然不是心理學的心，乃是超越的本然的道德心。孟子說性善，是就此道德心說吾人之性，那就是說，是以每人皆有的那能自發仁義之理的道德本心爲吾人之本性，此本性亦可以說就是人所本有的『內在的道德』。」（牟宗三：《從陸象山到劉蕺山》，臺北：臺灣學生書局 1979 年版，第 216～217 頁）顯然有將性善的先驗性推向極端的傾向，而下引的蒙培元之語，則汲取了其中的積極因素，並對之作了必要的改造。

〔註17〕 蒙培元：《蒙培元講孟子》，北京：北京大學出版社 2006 年版，第 143～144 頁。

〔註18〕 《孟子·公孫丑上》

「四端」皆為道德情感，作為「端」的形態，惻隱、羞惡、辭讓、是非四「心」，是人性之初的善質，是與生俱來的。之所以以「四體」喻「四端」，誠如焦循言曰，「四端之有於心，猶四支之有於身，言必有也。」〔註 19〕其中所強調的是，「四端」乃是人所內含和固有的，即都是內在和先天的。據孟子的主張，正是這四種道德情感，使得人具備了成德的潛質，因而自一開始便被從自然界提拔出來，德性主體相應地獲得了其最初的意義。對於人而言，「四端」是具有普遍性和本根性的，「它們存在於每個人之中，無一例外；沒有它們，人就不成其為人。」〔註 20〕「四端」的缺失，是不可能在人身上發生的，而且孟子認為，這不僅是自始基說的，也是從人的整個存在過程說的，故此毋寧說，「四端」與作為主體的人是相即不離的。「仁義禮智，非由外鑠我也，我固有之也，弗思耳矣。」〔註 21〕孟子這種獨斷式的自信中，所透露出的儼然是對「四端」及其善的確認，即這些「端」是人之內在所固有的善的根據。不妨這樣說，「端」是人所皆具的，不管是善人，還是惡人，在擁有善「端」這一點上，是沒有任何差異的，這也構成了孟子聖凡關係立場的重要出發點。

當然，以善「端」（道德情感）形態表現出來的性，固然並非完整意義上的性，但是，依孟子之見，「端」的層面的本善之性與性善之間的張力，不在於「端」自身，而是因為人在後天的展開中「賊」其「端」。人人都原本就具有仁義禮智之「端」，而之所以現實之人有好壞、善惡之分，關鍵在於是否能夠守持並擴充「端」。據孟子的話便是，「梏之反覆，則其夜氣不足以存；夜氣不足以存，則其違禽獸不遠矣。」〔註 22〕人之不善，源於工夫層面的失敗。不過，這又並不意味著「端」就此消失了，人雖未能將本善之性現實化，但惻隱、羞惡、辭讓、是非之心依然內存於人，只要能夠重新進行自我反省與修養，那麼，仍然可以使「端」得以擴充，並進而提升德性，成就道德功業。基於此，在見滕文公的時候，「孟子道性善，言必稱堯舜。」〔註 23〕他之所以在滕文公面前大談性善，其目的無非是在於引導後者向善。但是，不能否認

〔註 19〕〔清〕焦循：《孟子正義》，北京：中華書局 1987 年版，第 235 頁。

〔註 20〕華靄仁（Irene Bloom）：《孟子的人性論》，《孟子心性之學》，〔美〕江文思、安樂哲編，梁溪譯，北京：社會科學文獻出版社 2005 年版，第 146 頁。

〔註 21〕《孟子‧告子上》

〔註 22〕《孟子‧告子上》

〔註 23〕《孟子‧滕文公上》

的是，孟子這樣的努力，是以默認滕文公具有善「端」為前提的，若是對沒有任何從善可能的人奢談為善之道〔註24〕，那顯然是沒有意義的。

在孟子的心性論中，「四端」的道德形上色彩顯然是相當濃厚的，它們是先天地內在於人的道德情感，而屬人的本質之性就是奠基於這些「端」的，也正是在此意義上，人在原初的德性上是沒有分別的。但是，始基層面的性善與現實之惡之間的張力，使得孟子意識到，性善也須以後天的努力展開於現實之中。要是更明確一點說，那麼，在其「中道」視閾中，純粹地作為「端」的善，是必須以相應的道德踐履擴充開來的，否則，「端」便失去了自身的意義〔註25〕，因此，「擴而充之」便成了「端」向現實德性昇華的必要途徑和環節。

2、性善的「擴而充之」之義

作為性善論的重要內容，「四端」是自人性所憑據的原始出發點言的，而「擴而充之」則是將「四端」從潛在形態轉變為現實形態，即「四端」的擴充和伸張，使得其德性的內容得以成就和完善。但是，對於「端」的道德性而言，現實化並沒有改變本善之質，也就是說，德性之善質，無論是從其先天的「端」而言，還是從其後天現實化的形態而言，根本上是一致的。

> 惻隱之心，仁也；羞惡之心，義也；恭敬之心，禮也；是非之
> 心，智也。〔註26〕

> 凡有四端於我者，知皆擴而充之矣，若火之始然，泉之始達。
> 苟能充之，足以保四海；苟不充之，不足以事父母。〔註27〕

〔註24〕毋庸置疑，孟子之所以對滕文公講那麼一番話，其中的核心之意，則在於孟子更為突出向善的過程，即他以歷史形態的堯舜作為為善的典型，其重點並不在表明堯舜具有先驗之善性，而是以堯舜之逐善的努力和踐行，作為德性及其教化的標本。然而，孟子之所以對滕文公苦口婆心，也正因為他堅信人皆有善「端」，這是一個絕對的且不可忽略的前提，固然其中蘊含著強烈的理想性，但卻是孟子哲學所不可或缺的支點。

〔註25〕而且，在孟子看來，「端」更多地是與血親之愛相聯繫的，其於表現形式上，往往也具自發性、非理性的意味，所以，如果僅僅局限於善之「端」，那麼，善就跳不出現實的血親之「窄」，便不是真正意義上的仁義之德，也正是鑒於此，孟子賦予「推恩」以重要意義。

〔註26〕《孟子·告子上》

〔註27〕《孟子·公孫丑上》

誠如前述，孟子以道德層面的「四端」，作為性善論的基礎，即以「端」之性質而言，固然是善的，但是從善的實現而言，「端」也僅是其萌芽或起始，更確切地說，應該是現實德性和德行的基礎。「端」對於性善的基礎性意義，也就意味著，「孟子所謂『性善』，只是說性有善端，即所謂『四端』，並不是說人的性已是純然善的，不需要修養了。」〔註 28〕將性善視為過程，對於理解「中道」之旨下的性善，是具有啟發意義的。性善是內含先天之「端」與後天「擴而充之」的合一的，若是僅僅將「端」當作完整的善，那麼，就會因為缺乏後天的努力使善終成純粹的理想，而無法見之於心之外的實存世界；相反，若是摒棄「端」，只是關注於後天的努力，那麼，人之性就可能因為缺乏其善的根據，而使得培養人性的過程失去其所必需的方向性。所以，就善「端」自身而言，它本質上是德性層面的善，而自善「端」的展開而言，便是善的具體展開和德性的自我成就。質言之，據孟子之見，「心」之質定然是善的，正是四「心」構成了性之「端」，然而，四「心」之真正成為仁義禮智的德性內質，又必須通過「端」的擴充過程，並於其中兌現性善的完整意義。

就性善在後天的現實展開，孟子曾描繪了一個由內而外、由近及遠、由心性向踐行的「擴而充之」過程，即：「善」（「誠」）──「思誠」（「誠身」）──「悅親」──「信友」──「獲於上」──「治民」，也可以說是「中道」的一個順序性的展開，而其最終的結論便是：

> 誠身有道，不明乎善，不誠其身矣。是故誠者，天之道也；思
> 誠者，人之道也。〔註29〕

從其質而言，此處之「誠」，實即孟子主張的始基層面的善性，作為一個重要的倫理學概念，它是人之道德及其價值所必須依持的內容，而從中比較突出的，則是其所具有的超越性意義。「思誠」或「誠身」則是善的展開，即「擴而充之」的過程，這不僅僅是理智上的辨析或籌劃，而更多地在於道德內化，並進而為其外顯提供內在根據。按王陽明的說法，便是「誠身有道，明善者，誠身之道也；不明乎善，不誠乎身矣。非明善之外別有所謂誠身之功也。」〔註30〕「明善」與「誠身」是二而一的，實際上都是因後天努力而實現善。「誠身」

〔註28〕 童書業：《先秦七子思想研究》，北京：中華書局 2006 年版，第 118 頁。
〔註29〕 《孟子・離婁上》。《中庸・第二十章》亦云：「誠者，天之道也；誠之者，人之道也。」與孟子有關「誠」和「思誠」的立場有著相似的旨趣，其中的「誠之者」，也就是使「誠」成為一種內在於人，且逐步走向自覺的過程。
〔註30〕 〔明〕王陽明：《王陽明全集》，上海：上海古籍出版社 1992 年版，第 156 頁。

（「思誠」）在於使「誠」成為一種自覺的善的形態，實質上便是一種道德反思，它構成了「擴而充之」的重要方面，而且，相對而言，這樣的反思也是面向現實的。不妨這樣說，自「思」的內容和性質而言，它是以獲自於天的「誠」作為反思的對象和內容，以實現後者自覺化和內在化的提升；而從「思」的作用或目標而言，它為道德踐履的展開及其道德評判，提供了所不可或缺的內在根據，是溝通「誠」與現實人倫所必需的環節。

後天的「擴而充之」是「四端」展開的必需，但是，基於根本的德性立場，孟子認為，更多地具有德性的自我反省義的「思誠」，是其中的關鍵所在，換而言之，道德情感只有經過具體的道德踐履的錘鍊和提升，才能轉變為普遍的道德法則，而「思誠」（「誠身」）則是德行的極重要的內容。也正是在此意義上，孟子認同「求則得之，舍則失之」和「操則存，舍則亡」〔註31〕，「求」和「操」的對象都是善性，亦即「誠」，兩者本質上都「思誠」，而具體的過程自然不限於單純的內省，而是也包含了廣義的踐行，是在後天的努力中保持和展開性善。當然，若是從孟子的一貫理路而言，所謂的「求」和「操」是具有明顯的內向風格的，這一點是需要在此處有所交待的。若按韋政通的論述，那麼，「道德的存養，不是一成即永成的，一念向善，固可以促成精神的陞進，一念向惡，也可以導致道德的崩潰。」〔註32〕表面上看，所引在德善問題上似乎帶有一定的相對論色彩，但是，其本意卻是非常明確的。德性的成就，並不是一蹴而就的，也不是一勞永逸的，而是不斷地「擴而充之」的過程，其中包含了「求」「操」等內容，是需要極強意志力的。就個體而言，德性的培養和成就，開始於生理生命的產生，伴隨生理生命的結束而終結，但是，就作為整體的人類而言，德性的修養卻在一定意義上具有歷史的延續性，而且，這樣的延續性又滲透於個體的成德過程之中，使得道德及其意義得以進一步地昇華。

當然，承認後天努力對性善的現實意義，並不意味著屈從於世俗，相反，正視現實並展開踐履，是以「端」的內在存有為前提和根本的；同樣，對外在世俗目的的批駁，本身也並不是盲目的，而是以德性的自覺為首義的，雖然這樣的自覺在「端」的形態上，還帶有著相當濃厚的自發色彩，但是，卻並不影響德性及其展開。而且，縱使在實言實行中，孟子也力圖

〔註31〕《孟子·告子上》
〔註32〕韋政通：《中國思想史》（上），上海：上海書店出版社 2003 年版，第 178 頁。

以「我知言，我善養吾浩然之氣」〔註33〕為其索求，當然，正若「四端」不可缺其一，「養浩然之氣」並不是一個純粹的關涉意志的過程，它同時也是以智作保障和典型特徵的，且更是以原初的道德情感為其基的，是知、意、情三者相統一的形態。有關這方面，孟子還有一個「存夜氣」的比喻，就其性質而言，「夜氣」與「浩然之氣」都是在德性層面上說的，但在一定意義上，「夜氣」乃是本善之性及其拓展與現實化，而「浩然之氣」更多地是與德性相伴生的，因此，「存夜氣」便突出了後天努力對於德性的保有和拓展所具有的意義，而「養浩然之氣」則與「存夜氣」有類似的旨趣。概言之，「養浩然之氣」和「存夜氣」都是自順的方向上秉持和擴展善，皆是「擴而充之」的具體形態，而「反求諸己」（亦即「思誠」）則是二者的精神實質，這也是孟子性善論的特色之處。

眾所周知的是，正因為突出原始人性的惡，從而使得荀子的思想打上了明顯的強力色彩。而與之相反，孟子的哲學理論帶有濃鬱的德性教化的色彩，但是，他也不拒斥在現實之中尋覓為善的徑路。

> 故天將降大任於是人也，必先苦其心志，勞其筋骨，餓其體膚，空乏其身，行拂亂其所為，所以動心忍性，曾益其所不能。人恒過，然後能改；困於心，衡於慮，而後作；徵於色，發於聲，而後喻。〔註34〕

相對於聖人教化式的順性而導，「苦其心志」「勞其筋骨」「餓其體膚」「空乏其身」「行拂亂其所為」等，都是自負的層面提升人之善，並進而培養理想人格。但是，需要注意的是，上述諸種方法對於擴充本善之性的作用是間接的，也就是說，這些負的方法是通過「動心忍性」來促使「端」的現實化的。不妨更明確地指出，這些惡劣因素的負面作用，是直接地指向利、欲等感性內容的，即外在條件的惡劣，能在一定意義上制約人在利、欲方面的追求，「養心莫善於寡欲。其為人也寡欲，雖有不存焉者，寡矣；其為人也多欲，雖有存焉者寡矣。」〔註35〕寡欲有利於增強人的意志力，對於養心顯性有著重要意義，當然，孟子是不主張徹底絕欲的；也就是說，因外界因素的負面影響而生的教化功能，是直接以提升人的意志力為指向的，而人的意志力的提升，

〔註33〕《孟子・公孫丑上》
〔註34〕《孟子・告子下》
〔註35〕《孟子・盡心下》

對於人的善性的發展和完善，有著極爲重要的作用，這與荀子「化性起僞」〔註36〕的主張，也是具有一定相似性的。

至此，需要再次明確指出的是，在孟子的思想中，「擴而充之」主要還是通過順導內在善「端」進行的，外界因素只是爲這一過程提供了一定的條件，有利的因素固然能夠促進其展開，而不利的因素也可以促使人在逆境中形成堅韌的意志力，爲人之內在善「端」的成長和展開提供重要保障。若是作進一步的探究，惡劣的外在因素的考驗和鍛鍊，更似是聖人和凡人之間差異性的重要現實條件，因爲按照孟子的立場，人人都有善「端」，而在展開過程中卻又有聖凡之別，之所以會產生這樣的不同，很大程度上是由於聖人擁有超凡的意志力，而這樣的意志力一定意義上又是在惡劣的外界環境影響下形成的。概言之，在孟子看來，內含善「端」的心與其外界的因素之間，難免會有不一致性，但是這種不一致，卻可以成爲擴充善「端」的積極力量，也正是在這一意義上，「擴而充之」相應地意味著在逆境中挺立德性；具體到人類社會領域中的實際，他也是站在性善的基點上，將對惡的克服和改造，納入善性的兌現和拓展之中，並進而成爲「思誠」的極具價值的內容之一。

總而言之，孟子不否認性具有先天的品格，而且，從德性意義上的「四端」出發，他將性界定爲本善的，更確切地說，這樣的本善之性更多地只是性善之「端」，從「端」之善質而言，便可以得出性善的結論；成人及其過程，更多地是「端」的後天展開，如果稟有「端」，卻又不能將之展開，那麼，在孟子看來，便是對自我德性的賊害。在性善的問題上，孟子力圖貫徹「中道」之旨，固然以先天內在的內容爲其始基，而同時又力求性善的下落現實，進而在先驗和經驗的溝通和融合中鑄就性善；不過，需要意識到的是，在孟子的心性哲學中，性善的先天和內在之維，卻始終又是首位的，這在一定意義上契合了「中道」的德性之旨，但卻又在形式上背離了不偏不倚的追求，後天踐履（尤其是具有社會性的實踐）對於性善的意義，便因此成了相對性較強的內容。

〔註36〕 《荀子·性惡》：「人之性惡，其善者僞也。」人的本性皆是惡的，之所以有善，那是人的積極作爲的結果；對人的本性爲惡的肯定，也就設定了人的改造之功的必要性，因爲只有通過人爲的施展，才能成就人的善。這樣的論證路向，以承認一種需要施以人爲的因素的存在爲前提，也就是說，必須付諸積極的人爲，才能成就改造之功，因此便使人爲成爲必需。

第二節 「智」──道德理性及其哲學意義

就孔子所認爲的「智」而言，首先它是與認知相聯繫的，「知之爲知之，不知爲不知，是知也。」〔註37〕乃是以是否知作爲衡量「智」的重要標準，不過，孔子並沒有將目光聚焦於知的對象上，而是突出對人的知和不知的狀態的自覺，以能否自覺到知或不知來界定是否智。毋寧說，孔子所謂的「智」，並不是純粹的認知意義上的，而更多地是與人及人之行相關聯的，在回答樊遲所問的何者爲「知」（智）的問題時，他的回答非常確定而明快：「知人」〔註38〕，也正是如此的對答，指出了「智」的意義上的知的對象是人，而且，是要在德性的層面上去知人。因此，孔子便將智與仁聯繫在一起，作爲德性的不可或缺的內容，「仁者安仁，智者利仁。」〔註39〕智者能夠促進仁的發展，也就意味著，相對於仁，智也有著極爲重要的意義，它是仁的重要的保障性、推進性因素；但是，孔子又指出，「知者樂水，仁者樂山。知者動，仁者靜；知者樂，仁者壽。」〔註40〕羅列智者與仁者在具體表現上的相異之處，在突出仁和智兩者的互補性的同時，孔子也在仁和智之間留下了罅隙，這便有待於孟子去彌補。

1、「是非之心」義釋

如果說孔子所謂的「智」，更多地是在現實展開的層面上說的，並沒有涉及相對深層的內容，那麼，孟子對「智」的認識，就相對全面和深入多了，有明顯的將之內攬於心的傾向。而具體就智與「中道」的關係而言，他將智作爲「中道」的必需，智也需要在「中道」的踐行中體現自身的價值，並由此達到以大智抱持仁義的目標。

對於「智」的性質，孟子將它的內核視爲「四端」之一，在認爲它是仁義的重要保障的同時，更將之作爲性善的重要內容。

> 無是非之心，非人也。……是非之心，智之端也。〔註41〕
>
> 是非之心，人皆有之。……是非之心，智也。〔註42〕

〔註37〕《論語・爲政》
〔註38〕《論語・子罕》
〔註39〕《論語・里仁》
〔註40〕《論語・雍也》
〔註41〕《孟子・公孫丑上》

如本章第一節所指出的，依孟子之見，惻隱、羞惡、辭讓、是非四「心」，都是人所具有的道德情感，是自源頭上區分人與物（禽）的關鍵性因素。至於現實中所表現出來的四「心」的缺乏，孟子認爲，那是主體「自暴」與「自棄」的結果，而不能在現實維度上具備仁義的人，便不是德性意義上的人。此處所略引的兩段，其前半部分分別是以否定和肯定的表達，突出「是非之心」相對於人的意義，它是人之爲人所必需的，缺失了「是非之心」，人在德性上是難以挺立的；後半部分分別自隱和顯兩個方面，點出「是非之心」的實質，它是智的源泉，也是現實之智的內核。在兩部分之中，後半部分是孟子在「智」的問題上的關鍵立場之所在，一方面，它們共同構成了性善在「智」上的完整意義，另一方面，當然也貫徹並體現了「中道」的精神。

作爲道德情感的「是非之心」，首先不能排除思維和認知層面上對眞和假的區分，因爲若是無法做出眞假的判斷，那麼，更進一步的道德善惡評價便是缺乏相應基礎的，而認知意義上的「是非之心」，在《孟子》文本中較多地以「知」來展現。

> （孟子）曰：「我知言，我善養吾浩然之氣。」

> 「何謂知言？」（孟子）曰：「詖辭知其所蔽，淫辭知其所陷，
>
> 邪辭知其所離，遁辭知其所窮。」〔註43〕

「知言」與「養浩然之氣」相聯繫，顯然是自道德層面而言的。從其過程觀之，「知言」更多地是指對言語中德性內容的追索，從其本質觀之，則是對道德之言的體解。不妨這樣說，作爲擴充德性的必要途徑的「養浩然之氣」，「知言」是其重要內容，它是對道德之是非的洞察，而這種洞察乃是提升道德所必需的。至於怎麼樣才能算是「知言」，孟子要求通過對「詖（片面）」「淫（過分）」「邪（不合正道）」「遁（隱晦）」四種「辭」的知，來達到「知言」的目標。相對於「知言」之「言」，四「辭」無疑有較多的具體性、現實性色彩，那麼，對四者的知，更多地是自認知的角度成言的，即要通過對與四「辭」相關的內容的理性分析，才能做出較爲確切的論斷；也就是說，對四「辭」的知，所展現出來的「是非之心」及其功能，都帶有濃重的認知意味，對之所做出的斷定，相應地也是認知層面的是與非的判斷。當然，依「中道」對德性之「道」的突出，在孟子看來，無論是從其自身的性質，還是自認知之

〔註42〕《孟子‧告子上》
〔註43〕《孟子‧公孫丑上》

知與德性之知的關係而言，對四「辭」的知所依持與展現的「是非之心」，又絕非是純粹的認知意義上的，它們自身都無法也不能背離道德的視角，而且，亦如前述所點明的，對四「辭」的知，是以德性之「知言」為指向的，從過程的延續性而言，前者也必然內含於德行之中，融道德性因素於自身之內，並以之作為認知的重要隱性機制。

據上述對孟子「是非之心」的剖析，可得出的結論是，與其德性意義相類似，認知意義上的「是非之心」，也是構成人之特質的因素，但這樣的認知，又始終是不能離開道德及其踐行的，正是在整體道德的視野下，認知才作為人之特質而有意義。在「中道」的視野中，單純的形式層面上的認知是不存在的，認知意義上的知必然內含於德性之智中，而且，孟子又過於強調了這一點，從而使知染上濃烈的德性色彩。至於「是非之心，人皆有之」，亦如王陽明所認為的，「此言正所以明德性之良知，非由於聞見耳。」〔註44〕孟子在突出智之德性義，及其主體的獨立性的同時，智所具有的認知意義，便相應地失去了其獨立性或絕對性的一面。因此，就作為「智之端」或智的「是非之心」而言，「這裡所說的是非，既是指價值論意義上的善與惡，又是指認識論意義上的真與假，『心』則代表了理性的思維，心能知是非，意味著心具有判斷善惡、真假的能力。」〔註45〕若是將此分析作一綜合，那麼，孟子所謂的「是非之心」，內含了辨別與判斷是非、真假、善惡的能力，已經全然超出了理性認知的閾限，更多地指向道德之域，它始終不能蛻掉其道德之意，相反，這才是他關注的焦點。

作為與仁義一樣的德性內容，智也是內在於主體的。「仁義禮智，非由外鑠我也，我固有之也，弗思耳矣。」〔註46〕智作為德性的重要因素，自然也不外在於人，而是與作為主體的人相為一的。可以這麼說，作為「是非之心」的智，孟子於此處更多地是自「端」意義上言說的，強調智之內在於人心，實質上乃是突出其「端」是內含於人心的；不過，「非由外鑠我也，我固有之也」在《孟子·告子上》中，卻又是接著「是非之心，智也」說的，因此，很容易使人們不從「端」的意義上理解智，而將人固有的「是非之心」視為

〔註44〕〔明〕王陽明：《王陽明全集》，上海：上海古籍出版社 1992 年版，第 51 頁。
〔註45〕楊國榮：《孟子評傳——走向內聖之境》，南寧：廣西教育出版社 1994 年版，第 48 頁。
〔註46〕《孟子·告子上》

智的整全形態，由此所導致的便是一個純粹向內的過程，智在德行中成就並展現自身也就不可能了。進而言之，在德性之智的性質及起源問題上，孟子堅持以內在的「是非之心」為其「端」，即使是經由道德踐履完善之後的智，也必須內化於心，才能繼而作為智的進一步展開，所以，他要求對「我固有之」的智，不用做出任何的懷疑，即「弗思耳矣」，否則，若是用現代的語言來說，便是典型的「理性多餘」。可見，孟子力圖以「中道」貫通「是非之心」與「智」，但其中所含有的內在固有之德與德行關係混亂的傾向，是不容否認的，然而，又不能將孟子的這種傾向絕對化，他並非不重視德行，就「是非之心」而言，他也贊成「求則得之，舍則失之」〔註47〕這句話，「求」固然可以解讀為內求的路向，但是，德行層面上的「求」，也是其中的應有之意，在現實的道德踐履中貫徹並拓展智，使德行出於並合於仁義，這也正是孟子哲學中淡化其心性色彩的重要因素。

因此，在孟子的文字表達中，幾乎可以與「智」相等同的「是非之心」，既指德性之智的內在根據和德性本原，也指智的推展過程的實質與核心，既包含認知層面理性的是非判斷能力，更指價值層面的真假、善惡的評價，既在反省與內求中不斷地彰顯，更是在德行中得以成就和完善。不過，在上述遞進式的對舉中，側重點顯然都是在後半部分，也就是說，智又更多地因其在德行中的展開而具有意義，它是切實貫徹「中道」的必然要求，從中也體現了知、意、情的統一。

2、「智」與知、意、情的統一

如上所述，道德情感之一的「是非之心」，是進行是非認識和價值判斷的心，而如此之心必須置於道德選擇和踐行的活動中，才是真正意義上的智；換而言之，智乃是「是非之心」的切實展開，是它在德性和德行層面的體現，「是非之心，智也」也正是在這個意義上成理的。在此意義上，智對性善基礎上知、意、情的統一，具有重要的意義，並且於其中突出了仁德的現實性及其價值。

在「智」的實質的問題上，孟子下述對它與仁義關係的考察，是頗具啟發意義的。

〔註47〕《孟子・告子上》

仁之實，事親是也；義之實，從兄是也；智之實，知斯二者（仁和義）弗去是也。〔註48〕

毫無疑問，作爲哲學範疇的「智」，在孟子那裡具有極重要的地位，他多次引用「仁且智」表達自己的理想，幾乎是將聖人與「仁且智」相對等。不過，在孟子哲學中，仁與智所佔的地位又不是同等的，相較而言，仁無疑是更爲根本的內容，是智的德性之旨，但是，智作爲廣義之仁的重要構成性內容，同時也是它的保障性因素，缺乏了智的仁，是無法實現並展現其意義的。這也可以從孟子對「由仁義行」的主張中透視出來，只有在自覺仁義的前提下，才能以二者作爲言行的根本，換言之，若要確保「由仁義行」，就少不了對仁義的自覺，進而將這種自覺貫穿於實踐過程中，此種自覺實即「智」。而且，無論是從過程，還是自結果觀之，建立在對仁義的自覺的基礎上的智，對於秉守仁義是必需的，正是智爲這種秉守，提供了堅定而持久的意志，從而能夠使仁義「弗去」。所以，「弗去」正體現了由智而生的堅毅性，這也是孟子對「未知，焉得仁？」〔註49〕的確認和完善。智作爲德性的內容，本身內含著仁義及其現實展開的必然性，是德行中追求知、意、情統一的切實力量，無德之「智」在孟子的視野中是不成立的。亞里士多德也曾說，「人們只能合乎明智以及倫理德性才能取得成果。德性確定一個正確的目標，明智則提出達到目標的手段。」〔註50〕固然有強調德性與明智二分的傾向，但是，突出明智對於德行的現實意義，與孟子的相關立場是具有一致性的。在「中道」的宏旨下，仁與智都是德性的內容，純粹認知層面的知不能是智，因爲它缺乏了德性的本根，很大程度上沒有價值評判的意義，同樣，智是廣義之仁的必要內容，沒有智提供認知及堅毅性方面的保障，「仁」往往只能是美好的願望而已。

若是更明確地說，那麼，據孟子所見，人格的獨立和意志的堅定，都離不開「智」。實際上，孔子也早於孟子有了自己的立場，「邦有道，則知；邦無道，則愚。其知可及也，其愚不可及也。」〔註51〕在恪守人格獨立性

〔註48〕《孟子·離婁上》
〔註49〕《論語·公冶長》
〔註50〕〔古希臘〕亞里士多德：《尼各馬科倫理學》，苗力田譯，北京：中國人民大學出版社2003年版，第132頁。
〔註51〕《論語·公冶長》

的前提下，展開「知」和「愚」的辯證，透露出來的是對智的追求。就類似的問題，孟子認爲，「居天下之廣居，立天下之正位，行天下之大道；得志，與民由之；不得志，獨行其道。富貴不能淫，貧賤不能移，威武不能屈，此之謂大丈夫。」〔註52〕此處的「居」「立」「行」，所指分別爲仁、禮、義，突出的都是德性的品質及其精神。所謂的「不得志，獨行其道」，彰顯了個體意志的堅定，與孔子所謂的「愚」是可以類比的，實質上乃是大智。由「得志」和「不得志」所影射的「知」「愚」之爭，其背後深層的意旨，是對道在現實中的有無及其與德性關係的關注，道的有無，固然會對德性的展開和昇華有著重要的意義，即德性是否能「與民由之」，需要依據現世是否有道，但是，無論怎麼樣，都不會改變人之內在德性的獨立與堅毅，「與民由之」和「獨行其道」都是以內在自主的德性爲根據的，其中的焦點便是智。亦即是說，孟子更爲關注的是，當行動成爲戕害德性的因素時，問題的複雜性將考驗並展現出人的大智，而孟子的立場是非常明確的，「大丈夫獨行其道」〔註53〕，意志的堅定和德性人格的挺立，在世俗面前彰顯了人之爲人的氣質和魅力。質言之，在人格獨立性方面所表現出的堅毅品格，也正是智的體現，而切合於「中道」的基本精神，是這種堅毅性所應有的追求。

在一般意義上，往往都認爲老子是反「智」的。然而，他所反對的是與「大僞」相關聯的「智」，老子曾指出，「智慧出，有大僞。」〔註54〕，世俗所認同和展現出來的「智慧」，其實不是智慧的合理或理想形態，而是帶有很大的趨附性和虛僞性的，故而老子得出了「民之難治，以其智多」〔註55〕的結論。老子將「智」與民相聯繫，但批判的重點並不在民，而是在於以現實的形態表現出來，卻又泥於世俗的那些智巧僞詐。徐復觀亦曾對此作了釐清，「智多，即多欲；多欲則爭奪起而互相陷於危機。他（老子）始終認爲人民的所以壞，都是因爲受了統治者的壞影響。人民的智多，也是受了統治者的壞影響，所以便說『故以智治國，國之賊；不以智治國，國之福』。」〔註56〕

〔註52〕《孟子・滕文公下》
〔註53〕《孟子・盡心上》
〔註54〕《老子・十八章》
〔註55〕《老子・六十五章》
〔註56〕徐復觀：《中國人性論史（先秦篇）》，上海：上海三聯書店2001年版，第312頁。

將老子所反對的「智」，最終歸在統治者的頭上，在突出了「君」之德對民的影響的同時，更是自深層次指出了還智以理想形態的必要途徑，也就是說，老子也將理想之智的實現，較多地寄希望於統治者的自覺，在這一點上，顯然與孟子的立場也是可以溝通的。質言之，為老子所反對的「智」，正是「小知」（智巧僞詐），老子視野之中的大智，是出於「道」而合於「無為」特性的，一定意義上可以說是「大智若愚」〔註 57〕，對世俗的「愚」正是大智的表現，當然，應該引起注意的是，如果一味地強調「愚」，那麼，又是很容易陷入遁世的。

在突出孟子之「智」的德性之旨，並考察老子反「智」的實質之後，不妨對孟子所主張的「大智」作深入的理解。孟子有如下言論：

> 天下之言性也，則故而已矣。故者以利為本。所惡於智者，為其鑿也。如智者若禹之行水也，則無惡於智矣。禹之行水也，行其所無事也。如智者亦行其所無事，則智亦大矣。〔註 58〕

相對而言，此處之「性」或「故」，都是意在突出所關注對象的本然或所以然的一面，其所指涉的對象，固然存在著究竟是人性還是物性的爭論，但是這裡更加關注的，是「故」與「智」的關係。大智無意否定認知層面的「知」的價值，所以孟子要求「求其故」，正是突出了知性之知對於智所具有的必要性，很明顯的是，這比老子那帶有摒絕感覺及其作用傾向的「棄智」更具積極性，而與孔子的「知之為知之，不知為不知，是知也」對知和智關係的關注有相呼應的意味。在孟子看來，「鑿智」或是出於盲目，或許出於故意妄為。而這裡較為值得注意的便是「利」字，朱熹對它的解讀是，「利，猶順也，語

〔註 57〕 按照馮契先生的說法，「《老子》講『正言若反』，對一般人都加以肯定的『第一個論點』，如『直者不屈』、『生而有』、『屈非全』，它用『第二個否定的論點』去代替它，如說『大直若屈』、『生而不有』、『曲則全』等等。」（馮契：《中國古代哲學的邏輯發展》（上），上海：上海人民出版社 1983 年版，第 128～129 頁）顯然是從言說方式上，點明了《老子》文本在表達哲學思想方面的特點。而「大智若愚」作為一個日常慣用的語詞，多會被認為出自《老子》，但事實上《老子》中並沒有出現這樣的表達，因此，「大智若愚」作為一個完整的表達而流行，更多地是源自人們對《老子》哲學言說方式自覺或不自覺的汲取和繼承。若單就大智與愚的關係而言，在馮先生所主張的「正言若反」的意義上，「大智若愚」也是能夠成立的，故此處將它作為一個完整的內容行於文中。

〔註 58〕 《孟子‧離婁下》

其自然之勢也。」〔註 59〕亦即是說，朱熹將「利」釋爲「順」（順利），在一定意義上，是強調了因「順」而「利」的指向，但是，如果一味地強調結果上的「利」，而忽視過程性的「順」，那麼，孟子也就無需於此處著力聲討「鑿智」，因爲孟子所反對的，正是純粹地爲了利而不顧仁義的「智」。「以利爲本」自身必然包含著對「故」的「順」，這樣的「順」正是他所認可的智的體現，以孟子之見，「如智者亦行其所無事，則智亦大矣。」只有能夠以「行其所無事」的態度和方式去作爲，才是眞正的大智。質言之，「中道」精神下的「智」，既擺脫了盲目性層面的意義，同時更排除了人的肆意作爲，於其中追求知、意、情的統一，正是其理想的目標。

總之，「是非之心」是支撐性善論的道德情感之一，而以「是非之心」爲內質的智，在孟子「中道」精神之下，突出其認知和德性的意義，也強調對意志堅定和人格獨立的積極價值；概言之，「是非之心」決定了智在知、意、情三者統一這一點上的重要意義，而智在德性中的展開，契合了仁智統一的理路，大智自身也正是知、意、情三相統一的形態。若是回歸本文的主旨，那麼，不妨借用如下論述作一總結，即「中庸必須大智，而大智又出自中庸。」〔註 60〕顯而易見，所引是基於「中庸」的本體性，來理解它與「智」之關係的。但於其中，也可窺見「智」與「中道」關係的一斑，自孟子看來，「智」與「中道」是密切關聯的，前者是後者所必需的內容和現實表現形式，是後者得以貫通和實現的必然前提和保證，而後者則是前者所追求的目標和必須恪守的原則，是前者的德性意義之所在。

第三節 「禮」及其相對性

在爲仁之方上，孔子提出了「克己復禮爲仁」的總綱，並且以「非禮勿視，非禮勿聽，非禮勿言，非禮勿動」〔註 61〕爲其四目，充分體現了禮

〔註59〕〔宋〕朱熹：《四書章句集注》，北京：中華書局 1983 年版，第 297 頁。當然，也有學者將「利」解釋爲利益，比如，張松輝和周曉露在堅持孟子具有性利論傾向的基礎上，將「故者以利爲本」理解爲「人性的本來面目就是追求利益」（參見張松輝、周曉露：《〈論語〉〈孟子〉疑義研究》，長沙：湖南大學出版社 2006 年版，第 350 頁）。如本文後面相關部分將要論及的，孟子的性利論是不能成立的，與此相應，將「利」單獨解釋成「利益」也是不甚合理的。

〔註60〕董根洪：《儒家中和哲學通論》，濟南：齊魯書社 2001 年版，第 111 頁。

〔註61〕《論語·顏淵》

對於仁所具有的重要性，它是仁在具體踐履層面上的保障，是人之成就德性的必需途徑，當然，他對禮的強調，有將禮與仁並重的意味，即過於突出仁與禮相合一的一面。但是，自更深徹的方面來看，孔子認為，作為具有操作特性的內容，禮之根本則在於以仁為其質，「人而不仁，如禮何？人而不仁，如樂何？」仁與禮的關係，他還用「繪事後素」〔註62〕來表達，即禮之緣起及其施行，皆是以仁為其本根。相對於仁而言，禮具有一定的相對性，「殷因於夏禮，所損益，可知也；周因於殷禮，所損益，可知也。」〔註63〕此不在於說明禮的沿革，而是表明他對禮之沿革的態度，可以得出的結論是，孔子也認為禮是可變的，而「損」或「益」的內在根據則是仁；而且，從他自身對禮的「損」或「益」中，也可以解讀出他對形式之禮的態度，「禮，與其奢也，寧儉。」〔註64〕必須防止過於關注禮之形式，以免陷入華而不實，文過飾非式的禮，是為孔子所摒絕的。但是，並不能就此得出孔子摒棄禮的結論，畢竟作為仁的現實表現及保障，禮是有其存在的必要的，所以，當子貢要去掉祭祀的活羊時，孔子則表示了明確的反對，「賜也！爾愛其羊，我愛其禮。」〔註65〕總之，禮乃以仁為其質，在相統一的前提下，兩者是並進的，但是，不容否認的是，禮又屬於較為形式的層面，是在歷史的演進中彰顯仁的。

1、「禮」的實質及其特性

至於「禮」，孟子較為明確地指出，「恭敬之心，禮也。」〔註66〕恭敬顯然是內屬於德性的內容，而恭敬之心的現實展現形態便是禮，即禮具有恭敬的性質，也正是這一性質，使之成為性善的重要內容，更明確地說，禮是廣義之仁的重要組成部分和具體展開。因此，繼承孔子的相關理路，在一定意義上，孟子也將禮視為具有普遍價值的德性內容，是仁義在現實中沉澱的結晶，在體現性善的同時，守禮也就意味著在實踐中力行仁義。

〔註62〕《論語·八佾》：「子夏問曰：『「巧笑倩兮，美目盼兮，素以為絢兮。」何謂也？』子曰：『繪事後素。』曰：『禮後乎？』子曰：『起予者商也！始可與言詩已矣。』」
〔註63〕《論語·為政》
〔註64〕《論語·八佾》
〔註65〕《論語·八佾》
〔註66〕《孟子·告子上》

對於合乎德性的禮，孟子予以了高度的重視，如他所曾說的：

> 丈夫之冠也，父命之；女子之嫁也，母命之，往送之門，戒之
> 曰：「往嫁女家，必敬必戒，無違夫子！」以順為正者，妾婦之道也。
> 〔註67〕

顯然是強調守禮所具有的重要性，也就是說，在日常生活中，對於維持正常的人倫秩序而言，禮是相當必要的。當然，相對於合乎仁義的禮，仁義自身又表現出一定的功能層面的手段意義，亦即制約並服務於禮的推展，但是，禮卻是必須始終從屬於仁義的。自孟子的論述可見，只有內在有所「敬」，並通過一定途徑予以貫徹與表現，才能為言行之合乎德性提供保障，「仁者愛人，有禮者敬人。愛人者，人恆愛之；敬人者，人恆敬之。」〔註68〕必須依禮敬人，才能激起德性層面的共鳴，從而實現人與人之間的和諧，同樣，只有有所「戒」，方可確保不陷溺於惡的境地，即禮是確保言行不僭越仁義的不可或缺的內容，在「敬」與「戒」的互動中，力圖使禮成為本自仁義且合乎「中道」的內容。無疑，孟子是注意到了禮在道德自持和薰染方面的意義，如果缺少了由切合德性的細節性因素所構成的禮，那麼，個人的向善之途便因此被隔斷，現實生活會因缺乏一定的規則而失序，因而也就無法進一步成就仁義。就這一點而言，孟子是鑒於「禮崩樂壞」及其嚴重後果的，這也是他沒有將焦點放在法及其作用上的主要原因。不過，需要注意的是，他之所以說出上引之語，本意在於批評公孫衍、張儀，要求大丈夫應該摒棄妾婦之道，保持人格上的自我挺立，為孟子所批判的，實際上乃是背離「中道」而行禮的趨向。

至此可以說，孟子也認為，具有德性意義的禮，是不可或缺的。但是，與孔子相比，孟子並沒有明確地以仁及其性質來界定禮，而是以仁的某一具體特徵來框範禮及其特性，從而較恰當地拉開了禮與仁之間的距離，這也是「中道」精神所必需的。眾所周知，在「禮」的問題上，孔子有「以名正實」的傾向，他將禮視為道德命令的構成性內容，但是，在強調禮作為當然之則的背後，孔子的言下之意是，相形之下，禮雖然次要，但不能因取消形式而損毀禮之實，否則，萬不可輕易改禮；也就是說，孔子更關注禮的形式變更或取消所可能帶來的實質內容的出入，相應地，他所主張的禮，便是在歷史

〔註67〕《孟子·滕文公下》
〔註68〕《孟子·離婁下》

的視野中展開的，在因應時代的前提下，「以名正實」才具有合理的意義。當然，如果忽視「正名」的時代特徵及其相對性，那麼，便會使禮染上獨斷論的色彩，導致以禮爲「執」〔註69〕。這一點是爲孟子所意識到的，正是鑒於片面強調禮所可能產生的問題，他才相應地更加注重禮在形式層面的相對性。

據孟子性善的基本立場，禮的本質內容與原初意義上的善性是一致的，同時也是這一本善之性的展開和表現。換言之，禮與仁義之間有著重要的聯繫，它是後者得以現實化的必要條件，但是，這樣的條件性聯繫還只是淺層的，以孟子的話說，就是「辭讓之心，禮之端也。」〔註70〕促進仁義發展的禮，必然應該是性善層面上的，是以仁義爲其內質的德性因素。在較能體現孟子辯才的一些例證中，有不少涉及禮及其性質的內容。他曾經因齊王的怠慢而拒絕造朝，但卻又於第二天親自弔東郭的喪，從而遭致景丑的質問，就此，孟子的回答是：

> 齊人無以仁義與王言者，豈以仁義爲不美也？其心曰，「是何足與言仁義也」云爾，則不敬莫大乎是。我非堯舜之道，不敢以陳於王前，故齊人莫如我敬王也。〔註71〕

這段話的核心之意是，在肯定道德具有普遍性的基礎上，必須突出其具體的情境性（「時」）的一面。孟子認爲，自己貌似沒有盡禮，但是，卻始終是依據於堯舜之道的。他之所以會被認爲是失禮，關鍵在於景丑僅僅關注於形式上的敬君（實即「要君」），而忽視了敬所本該有的內在道德實質。依孟子來

〔註69〕 不妨從陳司敗就魯昭公是否知禮的問題而引起的爭論，作一更爲具體而深入的分析，孔子認定昭公知禮，而陳司敗則在論據與論點相統一的原則下，尖銳地指出，「君取於吳，爲同姓，謂之吳孟子。君而知禮，孰不知禮？」與其說陳司敗所得出的結論是魯昭公不知禮，不如說自側翼否定孔子知禮，而這一點也得到了孔子自嘲式的肯定，「丘也幸，苟有過，人必知之。」（《論語‧述而》）問題的關鍵在於孔子執於君臣之禮，從而落入「黨」的俗套，陷自己於不義的境地，這正是偏解「正名」所可能陷入的典型的兩難。當然，孔子也並未絕對地陷入「執」禮的境地，相對而言，對於失去德性之旨，而只具有純粹的形式意義的「禮」，孔子也是主張廢止的，「麻冕，禮也；今也純，儉，吾從眾。拜下，禮也；今拜乎上，泰也。雖違眾，吾從下。」（《論語‧子罕》）在他看來，是否順俗而「從下」，關鍵在於禮是否出於仁德。顯而易見的是，在對「度」的考量之下，於禮的形式和實質兩者間，孔子也更側重於後者。

〔註70〕 《孟子‧公孫丑上》
〔註71〕 《孟子‧公孫丑下》

看，這樣的徒具形式的禮，只是虛僞的表演而已，所以，與其追逐這樣的禮，倒不如保持內在的仁義，以免造成實質的惡，這在契合仁義首義的德性原則的同時，也是他自「中道」精神作出的抉擇。在對禮的肯定與否定之間，孟子是有自己的立場的，相對於具體而微的日常之行，禮既然是德性因素在歷史中的沉澱，那麼，自然帶有一定的道德律令的性質，因此必須肯定禮及其意義；但是，相對於仁義而言，禮又是次要層次的，仁義乃是更爲實質的絕對命令，如若用王陽明的話說，也就是，「故仁也者，禮之體也；義也者，禮之宜也；知也者，禮之通也。」〔註 72〕禮的執行要能夠通達於事，適恰於時（歷史與現實相溝通），而更爲根本的則是合於並體現德性，這三者分別表現爲智、義、仁，力圖以禮貫通仁、義、智，顯然也是有見於孟子之「禮」及其性質的。

質言之，就其本質而言，孟子所主張的禮是源自於仁義的，而且必須內契於仁義，也正是這一點，決定了禮具有一定的穩定性和普遍性，當然，穩定性和普遍性更多地是禮與仁義一起，與日常的庸言庸行相比而呈現的。另一方面，相對於更爲根本的仁義，禮因其形式性而表現出相對性和歷史性，也就是說，禮的絕對性和穩定性，必然又是相對層次上的，它也是以內在的德性作爲絕對性的基礎的。而正是這種絕對性與相對性、普遍性與特殊性的合一，使禮成了仁義現實化的必需，否則，仁義將被懸置，同時，也是庸言庸行向德行提升的必需，否則，世俗將永遠只是世俗本身。因此，對禮的性質及其重要作用，孟子應該也是能夠贊同孔子所說的「道之以德，齊之以禮，（民）有恥且格」〔註 73〕的，內在德性更多地只能是導向標和權衡器，而在具體鋪展的層面上，禮是更爲積極、更爲現實的因素。「禮義以爲紀，以正君臣，以篤父子，以睦兄弟，以和夫婦，以設制度，以立田里，以賢勇知」〔註 74〕禮對於社會的運行與發展，有著重要的範導性意義，而社會發展層面的泛道德主義傾向，正是依靠對禮的強調表現出來的；毋寧說，孟子的道德至上立場，除了基於對仁義的一再強調之外，在現實發展之域，也必須依靠禮的推展以達到仁義的目標，而將禮之質作爲「四端」之一，所透露的也是對德性之現實意義的關注和追求。

〔註 72〕 〔明〕王陽明：《王陽明全集》，上海：上海古籍出版社 1992 年版，第 243 頁。
〔註 73〕 《論語・爲政》
〔註 74〕 《禮記・禮運》

作爲先秦儒家的重要代表，孟子與先秦儒家在禮的問題上的基本立場，具有一致性，即禮源自於仁義，若是引近人牟宗三的相關論述，便是「徒以『列君臣父子之禮，序夫婦長幼之別』爲儒，則是從孔子繞出去而從王者，是並未眞能瞭解儒家之本質。」〔註 75〕也要求自本質的層面去把握儒家精神，否定不自德性之仁義出發去守禮，否則，所守的並非禮，而僅僅是一種形式上的無過而已。相對於禮的形式性和外在性，人自身的價值和意義則是孟子——整個先秦儒家幾乎都是如此——所關注的更深層次的內容，而前者則是較爲次要的層面，故孟子的反對「執一」（「執」禮）也在其中被昇華了。如若再以王陽明所論表明其中的意蘊，則「聖人之制禮樂，非直爲觀美而已也；固將因人情以爲之節文，而因以移風易俗也。」〔註 76〕也就是說，禮樂之形式（「接物」）是次要的，而其中的人道人情才是根本，目標則是實現德性教化，突出禮的手段意義，也關注其德性根本，與孟子的立場基本是相合的。總而言之，禮之意義並不在於其形式層面的順當與無過，而更多地在於是否自更高的層面上與仁義相爲一，當然，與孔子和荀子更內在的相異之處，則是孟子以「中道」爲基本路向，明確地在性善之下考察禮的意義。

2、納「禮」於「權」

誠如第二章中對相關內容的剖析所透露的，結合其在禮的性質上的立場，孟子在對禮的分析和考察中，展開對經和權關係的探討；換言之，不論是以禮框範生活常識，還是以仁義之本旨考量禮，就其合於「中道」的總體原則而言，顯然是經權關係的具體運用。而這一問題的實質，便是在秉守德性的基礎上，納「禮」於「權」，從而在聲張理想之不可撼動的同時，使得仁義的現實化帶有更多的靈活性，即「中道」之下的禮，不在於形式上的完滿性，完滿形式在實質層面的合德性，才是禮之存在並成就自身價值的合理源泉。

依孟子的立場，只要與仁義相比較，禮無疑便是等而次之的內容，前者更具有根本性、穩固性和優先性，而後者則相應地表現出其歷史性的一面，一定條件下便意味著滯後性。尤其當所處的境遇是一種兩難的時候，在孟子那裡，仁義的絕對性便表現得更爲突出，他幾乎是採取了一種截彎取直的方

〔註 75〕 牟宗三：《心體與性體》，臺北：正中書局 1969 年版，第 15 頁。
〔註 76〕 〔明〕王陽明：《王陽明全集》，上海：上海古籍出版社 1992 年版，第 859 頁。

法,即直接訴諸仁義,如若套用他的「何必曰利?亦有仁義而已矣。」〔註77〕那麼,在禮與仁義的關係上,便可以說:「何必曰禮?亦有仁義而已矣。」衝破禮的障礙,或根本上不守禮,便成為符合德性要求的行為。也可以從孟子對「告而娶」之禮的態度作一分析,「告而娶」往往被視為通行之禮,所以,萬章便以此禮責舜之「不告而娶」及堯之「妻舜而不告」,但孟子的反應卻是貌似依傍堯舜的。至於舜,他認為,「告則不得娶。男女居室,人之大倫也。如告,則廢人之大倫,以懟父母,是以不告也。」而至於堯,則「帝亦知告焉則不得妻也。」〔註78〕對於「告而娶」這一禮,他顯然是堅持以「中道」觀之。「告而娶」是出於對人與人之間婚姻大倫的正視,同時也是對父母親情的重視,但是,在孟子看來,「不孝有三,無後為大」〔註79〕,相對於「告而娶」的禮數所彰顯的人倫價值,血脈的延續則是更為根本的內容,這其中無疑突出了血緣親情在人倫關係層次上的基礎性地位,若是再拔高一些,便可以說,也滲透著對人的類價值的高度關注。因此,在舜之娶妻這一問題上,作為禮的「告而娶」,其相對性意義便凸顯了出來,成了可以行「權」的對象,從中的目的則是為了切中更高層次的「道」。

若是進而從德性倫理的德福一致立場觀之,那麼,合於仁義的行為是不會帶來痛楚的,正如孟子所說的,「天下大悅而將歸己,視天下悅而歸己,猶草芥也,惟舜為然。不得乎親,不可以為人;不順乎親,不可以為子。」〔註80〕出自仁義的禮,自本根上是以天下之至樂為目標的,而親親之樂則是天下之樂的基本內容,所以,舜之「不告而娶」,是因為背棄了與仁義不相符的禮,從而遭致某些人的質疑,充分表明,聖人不是以個人名譽等方面之得失為得失,而更多地是自仁義本身為最高訴求,孟子則是以合乎「中道」的理路,力圖使其中的理論環節得以打通。朱子曰:「告者禮也,不告者權也。……蓋權而得中,則不離於正矣。」〔註81〕這樣的理解是相當契合孟子的理路的,「告而娶」雖於外在層面上恪守「禮」,卻不合乎仁義,「不告而娶」雖不合於規範層面上的「禮」,但是卻與道相合,反「禮」卻能合道,正是孟子視野中的經權之辯在現實層面上的成功運用。如果忽視了仁義的本旨,純粹地以「禮」

〔註77〕《孟子·梁惠王上》
〔註78〕《孟子·萬章上》
〔註79〕《孟子·離婁上》
〔註80〕《孟子·離婁上》
〔註81〕〔宋〕朱熹:《四書章句集注》,北京:中華書局1983年版,第287頁。

爲經，或以禮爲仁義，便是與「餓死事小，失節事大」相類似的絕對主義路向，這是與孟子有關禮的立場相左的。質言之，從禮之質而言，它自身及其運用都是根於並服務於仁義的，否則，禮就不是禮，或者僅是單純的形式。

孟子希圖在仁義的基則下，依「中道」綜合處理禮的問題，從他努力協調禮與較具感性色彩的「食」的關係，也可以看出其意圖之所在。在被問及「以禮食，則饑而死；不以禮食，則得食，必以禮乎？」時，孟子首先也秉持德性的立場，贊成屋盧子所認爲的禮重於食，但是，他卻更要求分清其中的輕重，要對相關的方面進行權衡，而並不是一味地、定勢地處理禮的問題。「取食之重者與禮之輕者而比之，奚翅食重？取色之重者與禮之輕者而比之，奚翅色重？」〔註82〕通過輕重的比較，突出了禮所具有的相對特性，而在特定的境遇之下，食、色有著更爲切近的仁義意蘊。正如孟子所說的，食、色也都是性之應有之義，它們與禮孰輕孰重，更多地應該看哪一者更近於德性，其中沒有定然的模式。當然，只是在一般情況下，禮與仁義是合一的，而食、色則往往因其自發性，便相應地表現爲與仁義的疏遠，但是，卻並不能因此否認食、色與仁義的契合；而且，自道德教化的目標來說，使食、色近於仁義，則是其中重要的內容，因此，在特定際遇下，不能排除兩者比形式之「禮」具有更高的德性價值。然而，需要再次突出的是，此處孟子並非武斷地否定禮的意義，而是要求以「權」的視野，衡量禮及其與食、色的關係，在經權關係中透視禮，那麼，更容易協調形式之禮與食、色的關係，從而達到因時而行權，因時而守經，體現了「中道」的旨趣。

至此，不妨圍繞經權關係，對孟子視野中禮的問題，作一具有總論性質的分析。孟子之所以認同「不告而娶」，前提是「告而娶」之禮已在根本上背棄了仁義，之所以要求權食、色與禮之輕重，意在以更爲理智、更爲靈活的態度觀照禮與現實的關係，以期在現實的展開中兌現仁義的索求。正是在這個意義上，背禮不等於棄經，因爲禮與經並不完全是同一層面的內容，禮雖然必須以經的層面的仁義作爲基礎和實質，但不容否認的是，相對於仁義，禮又更多地具有形式和手段層面的意義。基於此，因行權而背禮，與實質意義上的棄經是兩碼事，若是因行權而背禮，那麼，正是「反經」（恪守經）的表現或具體保障。而且，雖然孟子將原先的制度層面的「禮」，作了向人倫現實貼近的工作，但是，卻無法消融它與仁義之間所可能具有的張力，相反，

〔註82〕《孟子·告子下》

在一定意義上，禮於現實面前，更易將自身與作為根據的仁義之間的張力彰顯出來，這也正是孟子注重經權之辯的現實出發點之一。出於分析孟子納禮於「權」的傾向，這裡或多或少地突出了禮與仁義的距離，但是，必須再次強調的是，與禮的歷史性相伴生的滯後性，並不是絕對的，恰恰應該承認的是，在禮與仁義相契合的前提下，遵從禮則又是必須的。因此，孟子將禮納入「權」的範疇，也是很易引起誤解的，因為如果將禮的相對性過於伸張，那麼，一方面，便會將禮與仁義做斷然的切割，使禮真正地成了沒有德性內容的純形式，另一方面，置禮於純然無用的境地，因依持仁義而背禮，便為盲目地違禮留下了空間。

綜而言之，孟子固然將禮與仁義一齊視為德性的重要內容，禮也是人之成德所必需的，但是，相較於仁義，它又更多地具有了形式性和相對意義，自本質上而言，禮必須內據於仁義，並為仁義的現實展開和昇華服務。因此，孟子視禮為「權」的重要內容和對象，要求在經權關係的總則之下處理有關禮的問題，從中滲透著「中道」精神的同時，也容易被作出朝著極端方向的發展。

第四章 「中道」與德行

　　濃厚的德性至上色彩，是孟子心性哲學的重要特點，據此而言，他就德行的有關主張，自然也是以德性爲其旨的，但是，「中道」精神在德行層面的展開，使得德行的內容和表現更爲豐富與複雜，而這些又相對集中於幾對價值關係之中。毋庸置疑，行爲主體是德行的首要前提，基於君子與聖人無異的主張，孟子對聖凡關係進行了考察，尤其是要求正視「狂」和「狷」，並認爲兩者可以經由價值的塑造而趨近於「中道」，亦即在德行中成就德性自我。一旦具體到德行，就無法迴避義利關係〔註1〕，孟子賦予義以不可撼動的道德力量，因而，若以逐利爲出發點或目的，便是自根本上悖義的，但是，面對現實層面的利或功，他又並未全然予以否認，而是要求在恪守義的前提下，相對地將利（功）也納入價值衡量系統之中，一定意義上也深切「中道」之意。己與群的關係，所涉及的是德行如何展開的問題，而孟子也力圖於其中貫徹「中道」理念，以實現己與群的互動和全面發展，從利的層面而言，個體應相對地服從於群，因爲與己相比較，群利更多地體現了義的維度的意義，自德性的層面而言，有德之個體對群有重要的影響，己可以通過對他者的薰染，鍛鑄相對普遍的群之德，而後者又進而成爲新的個體之德的內容。

〔註1〕 若是純粹地就孟子思想而言，義利的問題還是緊密圍繞義與利的關係展開的，至於由義利之辨發展而來的理欲之辨，那更多地是宋明理學關注的焦點，基於這一認識，行文中凡涉「理」或「欲」之處，一概不做特別說明，而是將之納入義利問題的整體視野之下予以考察。

第一節　君子與狂狷

就人格而言，孔子將聖人作爲最理想的形態，而且，這樣的形態甚至有些高不可及的意味，「聖人，吾不得而見之矣；得見君子者，斯可矣。」〔註2〕也就是說，在現實之中，聖人是不存在的，「若聖與仁，則吾豈敢？抑爲之不厭，誨人不倦，則可謂云爾已矣。」〔註3〕但是，作爲人格塑造的目標，它卻鼓舞著人們不斷地從德向善，進而在現實的努力中趨近於聖人。相對於聖人，君子則是有德者的更爲現實的形態，「君子務本，本立而道生。孝悌也者，其爲仁之本與！」〔註4〕將孝悌作爲仁的基礎，縱然內涵於仁，但卻又不完全等同於仁，而君子以孝悌爲本，在體現努力向仁的精神之外，所蘊含的深意乃是，就其道德性而言，君子並不是完美的仁德的秉有者，不過，通過德性的修養，君子是可以實現向聖人的提升的。當然，在《論語》中，孔子更多地是將君子與小人相對舉的，以突出兩者在德性上的根本性差異，「君子上達，小人下達。」〔註5〕從與道的關係而言，君子之「上達」，是力求明曉、洞悉大道之理，而小人之「下達」，更多地則是立足於生活之中的具體貫徹，對於行動背後的道，卻不會自覺地去追問或覓求；質言之，君子孜孜於仁，以提升自我的道德境界爲首務，而小人卻於惠上追索，於德往往是熟視無睹的。當然，應該補充指出的是，至於小人因道德薰陶而擴充其德性的可能，孔子也並未予以否棄，以子游所引孔子的話說，便是「君子學道則愛人，小人學道則易使也。」〔註6〕與君子一樣，小人近道亦須通過「學」，其結果則表現爲「易使」，縱然，「易使」在一定意義上凸出君子與小人之間的差異，但毋庸置疑的是，它也是小人在秉有德性之後，道德境界在其身上的具體表現。

1、聖（君子）和凡（民）

與孔子相類似，在孟子的哲學視域中，聖人依然是人格的最完滿形態，但是，不同於孔子的是，他不再強調聖人與君子之間的差異，而是力圖模糊兩者的界限。不過，依據「中道」精神，孟子所採取的處理方式，並不是單

〔註2〕《論語・述而》
〔註3〕《論語・述而》
〔註4〕《論語・學而》
〔註5〕《論語・憲問》
〔註6〕《論語・陽貨》

純地向理想看齊，而是通過增強「聖人」的現實品格，同時豐富「君子」的德性內涵，從而將君子置於與聖人相同等的層次。至於君子與小人之間的差異，也不再是孟子所關注的人格問題的焦點內容，取而代之的則是聖（君子）與凡（民）的關係，而且，他主張於具體德行中考察這一關係的實質意義。

基於對孟子之德及其表現的認同，公孫丑曾經大膽地問：「然則夫子既聖矣乎？」對此，孟子幾乎是以訓斥的口吻，給出了斷然的否定，「惡！是何言也？……夫聖，孔子不居——是何言也？」〔註7〕不容懷疑的是，孟子一向將孔子視為古之聖人的典型，所以，此處所引的孟子之語，其旨顯然並不在於否定孔子之聖，相反，他是用孔子之自謙，論證自己並非聖人，而孟子這一自我否定的更深層的意思，便是突出道德的修養是一個永恒的過程，聖人則永遠是有德者必須不斷趨近的目標。不妨這樣說，孟子也是通過否定自我即聖，以彰顯聖人人格的理想性，聖人並非現存的靜止的形態，德性的提升也並不是一蹴而就的，聖人及其德性的成就，是永無止境的過程；但另一方面也意味著，「中道」視野中的聖人，卻又並非是絕對完美的，正好相反，聖人更多地是在具體德行中產生並進一步完善的，基於歷史和現實，孟子對聖人作出了更為貼切的理解。

孟子認為周公也是古聖人〔註8〕，但當就管叔造反而被問及「然則聖人且有過與？」的時候，孟子做了如下的對答：

> 周公，弟也；管叔，兄也。周公之過，不亦宜乎？且古之君子，過則改之；今之君子，過則順之。古之君子，其過也，如日月之食，民皆見之；及其更也，民皆仰之。今之君子，豈徒順之，又從為之辭。〔註9〕

自文字的表面意思來看，「古之君子」與古聖人一樣，也是孟子託古以表達理想。透過孟子的論證邏輯可知，他承認聖人是可以有「過」的，而且他進一步將聖人與君子相類比，從而認為，能否勇於改正過錯，是君子的現實品格之一，這與孔子所主張的君子「過，則勿憚改」〔註10〕是相一致的。由此可知，孟子的立場乃是，應該正視聖人之過，並且堅信：聖人能夠正視自身之

〔註7〕《孟子·公孫丑上》
〔註8〕 在《孟子·公孫丑下》中，陳賈問孟子：「周公何人也？」孟子所予以的正面答覆是：「古聖人也。」
〔註9〕《孟子·公孫丑下》
〔註10〕《論語·學而》

過，並進而改之。從其對伯夷、柳下惠等人的評價，也可以看出他對聖人和君子的認識，「伯夷隘，柳下惠不恭。隘與不恭，君子不由也。」〔註11〕顯然，對二者之品格和特性所可能導致的片面化傾向，孟子是有清醒認識並保持戒心的，但是，他卻又非常明確地說，「聖人，百世之師也，伯夷、柳下惠是也。」〔註12〕語言表達上的貌似矛盾，正表明孟子是以內含張力的「中道」視野來審視聖人的，力圖使聖人成為不偏不倚的形態；其言下之意便是，聖人依舊是理想人格的典型，但是，卻已經幾乎與君子一樣，不再具有不可挑剔性，於德行中防過並改過，則是聖人（君子）人格更現實的品格，相對而言，多少有著打破全聖型人格的意味。

再從心性的層面，看看孟子所認可的君子是怎麼樣的。「君子所以異於人者，以其存心也。君子以仁存心，以禮存心。」〔註13〕君子與一般人的差異，就在於前者能夠並且善於「存心」，至於所存的究竟是什麼心，毫無疑問，那當然是原初的道德本心。仁是屬內的，而禮相對地有屬外的維度，由內直接存仁也就是實質的「存心」，而由外「存心」，更多地是通過禮的作用實現內化，從而達到「存心」的目的。具有後天意味的「存心」，能使人之本心不失其本然之善，如果繼而將之發展到現實德行的層面，也就是道德的成就和體現。眾所周知，仁和禮是孔子道德理論的核心，是他所主張的聖人的根本道德特徵，而孟子此處以仁和禮作為君子之德的內容和必需，由此也可見，自德性而論，他對君子與聖人幾乎是不做區分的。質言之，在人格理想方面的籌劃，孟子的道德理想主義色彩固然很濃重，但他也力圖貫徹「中道」精神，在一定程度上，注意到了德行對人格塑造的意義，從而試圖在聖人與君子之間做出適當的溝通，在德行中觀照「聖人」，在德性上挺立「君子」；相反，在人格理想的籌劃上企圖無視或取消德行，要麼將演變成為思辨或理論層面上的自娛自樂，要麼終將理想的人格形態懸置於彼岸，因而，不論是橫向上對於社會和個人的發展，還是縱向上對於理論建構與現實踐行，都是徒勞而無益的。

在主張聖人與君子無異的基礎上，孟子著重討論了聖人（君子）與民（凡）的關係。他在聖人與民的關係上的總體立場，是引用有若的一段話來表達的：

〔註11〕《孟子·公孫丑上》
〔註12〕《孟子·盡心下》
〔註13〕《孟子·離婁下》

> 聖人之於民，亦類也。出於其類，拔乎其萃，自生民以來，未
> 有盛於孔子也。〔註14〕

不容置疑的是，在德性上，作為理想人格形態的聖人，與較多地具有現實品格的民之間，自然是不能簡單地等同的。但是，需要指出的是，孟子不是在德性的源頭上認同這種差異，相反，依孟子之見，自「端」的層面而言，人性皆善，所以聖人與民是沒有什麼差異的，這樣的一個推論是可以成理的。亦如他於別處所說，「故凡同類者，舉相似也，何獨至於人而疑之？聖人與我同類者。」〔註15〕自稟有原初的道德性而言，孟子並未排除民（凡）具有成聖的可能，人人都可以通過為善，並因而成為聖人（君子）。概言之，他對聖人與民同類的肯定，更多地是基於對性之「端」及德性普遍意義的認同，即在成聖的先天可能性上，主體之間幾乎是同等的。孟子的相關立場，在郭店楚簡的《成之聞之》中也已有類似的表達，「聖人之性與中人之性，其生而未有別之。」〔註16〕作為人格形態，聖人與中人定然有別，但從「生」之性的角度來說，聖人和中人是一樣的，即生來沒有什麼區別。而孟子只是相對突出了其善的一面，但在德性之原初意義上，主張聖人與民無異，則是其中的共同立場，毋寧說，孟子賦予民以成聖的先天可能性，從而為民與聖人的溝通留下了相應的餘地，更為「中道」意義上的成德過程的展開，提供了基本條件。

至於民之所以後來在德性上與聖人產生差距，據孟子之見，當然是由聖人與民兩方面造成的。一方面，聖人擁有比凡民更為深沉的道德自覺，而這一道德自覺的形成，更多地又離不開具體的德行，這也是孟子賦予聖人的惟一與民不同之處；另一方面，一定程度上也是民的自暴自棄造成的，「自暴者，不可與有言也；自棄者，不可與有為也。言非禮義，謂之自暴也；吾身不能居仁由義，謂之自棄也。」〔註17〕即民不能通過德行擴展自身本有的德性，從而與聖人產生了現實的差異。對於兩者間的差異，孟子要求在德行中予以消弭，「自己良知原與聖人一般，若體認得自己良知明白，即聖人氣象不在聖人而在我矣。」〔註18〕王陽明此語與孟子之意是相投的，聖人之所以為聖人，

〔註14〕《孟子・公孫丑上》
〔註15〕《孟子・告子上》
〔註16〕《郭店楚墓竹簡・成之聞之・簡二六》
〔註17〕《孟子・離婁上》
〔註18〕〔明〕王陽明：《王陽明全集》，上海：上海古籍出版社1992年版，第59頁。

從德性的成就來說，並不是先天的，縱然聖人比民更多地具有道德自覺，但是，「聖人亦是學知，眾人亦是生知。」〔註19〕成聖本質上在於後天的善於體善，離不開德性的反省工夫，並且要能夠在德行中成就完美的德性。聖人並非純然天生，民未嘗不可升入聖境，孟子一方面自先天善「端」層面，將民與聖人等視，另一方面又自德行層面，突出後天努力對於成聖的意義，換言之，他自聖凡的德性之異，回溯兩者的原初共性，又要求於德行的展開中正視差異，並進而以德行作為成聖的切實途徑，從中可見，不論是形式上，還是其內容上，皆滲透著「中道」的追求。

於過程性的德行中擴展並提升德性，是孟子「中道」思想的重要內容，而在聖人與民的關係問題上，他力圖在德行中貫穿德性的追求，無疑也體現了這一點。相對而言，孟子所主張的聖人與民之間的差異，是鑒於道德理想與現實的距離而作出的，也就是說，他點出聖人之出類拔萃（「出於其類，拔乎其萃」），也並非自單純的現實層面突出聖凡之別，而是意在強調理想人格所具有的範導意義。正視或強調聖凡之異，其目的在於，要求通過德行的展開導人向善，「先聖後聖，其揆一也。」〔註20〕成聖固然具有先後次序等方面的差異，而且，「聖人之行不同也，或遠，或近；或去，或不去」〔註21〕，但是，只要努力成就聖人人格，在德行中不斷地向聖人進發，那麼，這些差異又是無足輕重的。毋寧說，在孟子那裡，要求在德行中成就聖人，這一點還是相當明顯的，相類似的觀點，王陽明也曾經指出，「在聖人分上便是自然的，在學者分上便是勉然的。」〔註22〕若是將自然與勉然的關係，運用於聖人與民的關係上，那麼得出的結論便是，聖人並不是世俗意義上道德之人，而是在德行中富有德性及其自覺的人，至於民，則可以通過聖人的道德引導，成就其本有的德性，否則，孟子強調聖人與凡民的區別，就沒有意義了。

綜上所述，在「中道」意義下，無論是聖人，還是君子，理想人格並不是自絕於現實的，人格理想並非是純粹的理想，相反，它必須是立足於現實，並且面向現實的。也正是有見於此，在注意到聖人與凡民兩者間不容忽視的差異的同時，孟子也從原初的道德因素具有普遍性的一面強調，相對於道德理想，趨近於現實也是必然和必須的，這正是「聖人之於民，亦類也」的理

〔註19〕〔明〕王陽明：《王陽明全集》，上海：上海古籍出版社1992年版，第95頁。
〔註20〕《孟子·離婁下》
〔註21〕《孟子·萬章上》
〔註22〕〔明〕王陽明：《王陽明全集》，上海：上海古籍出版社1992年版，第58頁。

論基礎及其展開。不論是強調聖人與凡民在成德可能上的平等性，還是突出聖人之德不同於或高於凡民，孟子都是意在突出民是可以向善的，在一定意義上是可以成聖的，而這都須依託於具體的德行。

2、正視並改化「狂」和「狷」

孟子固然突出聖人和民之別，但更多地是在德行層面上的，聖人之爲聖，在於其主體自覺的自我挺立與後天努力，基本上是秉承並發展了孔子的「爲仁由己」的思想，即聖人比凡民更具有道德自覺和主體意識，所以，能夠全然以其所稟賦的自覺意識從事德行。而這些正是民所缺乏的，相對於前者，凡民之德行的展開及其道德境界的提升，相應地需要聖人的引導與教化，而這一點較爲集中地體現在孟子對「狂」和「狷」的態度之中。民往往不能自覺地依「中道」而至聖，或者好高騖遠而狂，或者拘謹自守而狷，至於這兩者，孟子在評介孔子相關議論的基礎上，闡明了自己的立場。

> 孔子「不得中道而與之，必也狂狷乎！狂者進取，狷者有所不
>
> 爲也」。孔子豈不欲中道哉？不可必得，故思其次也。〔註23〕

孟子認爲，孔子固然以「中道」作爲理想的價值追求，但是，卻並沒有忽視「中道」自身所蘊涵的現實性和變通性。作爲聖人之德的必要內容和典型特徵，「中道」是與聖人的成德過程密切相聯的，因此，作爲一種表徵聖德及其目標的因素，「中道」也因德行的展開而彰顯其意義，若是更明確地說，那麼，它正是以實存的非「中道」內容爲改造對象的。如果離開了現實的狂和狷，便誠若明人顧允成所認爲的，「學問須從狂狷起腳，然後能從中行歇腳，近日之好爲中行，而每每墮入鄉愿窠臼者，只因起腳時，便要做歇腳事也。」〔註

〔註23〕 《孟子‧盡心下》。對於「狂」和「狷」的性質及其特徵，陳來認爲，「狂者有很高的志向，狷者也不隨波逐流。」（陳來：《有無之境──王陽明哲學的精神》，北京：人民出版社 1991 年版，第 253 頁）然而，與秉持「中道」的聖人不同，單就狂者而言，「儘管能夠超脫庸俗，但如果不努力律己以修，就會走向另一極端，走向對生活的否定和對社會的否定，其結果不僅不足以完成一個道德的境界，適足以變爲出世主義或感性放任。所以理想的境界終究還是『聖』，人必須由狂入聖，而不能『自足而終止於狂也』。」（同上，第 257 頁）在強調聖人與狂者（或狷者）性質差的同時，也突出後者向聖境進發的必要性和可能性，顯然也是對孔子和孟子有關「狂狷」立場的較貼切的理解。

〔註24〕 〔清〕黃宗羲：《明儒學案‧東林學案三》，北京：中華書局 1985 年版，第 1468頁。

24）無視狂和狷的最終結果，或者將依秉「中道」的聖人當作純粹的理想，或
者即意味著遍地是聖人，而這是包括孟子在內的整個先秦儒家所不能認同的
〔註25〕。不妨這麼說，對以狂和狷的形態表現出來的「過」或「不及」，孟子
秉承孔子的相關理路，也予以積極的正視，因爲如若以較爲切實的視角觀之，
狂與狷的實存性，是無論如何所不能否認的，要是以消極一點的語言來表達，
即「不可必得，故思其次也」，這種「無奈」所暗示的，或許也正是一種現實
的視野。但是，「孔子豈不欲中道哉？」以孟子之見，孔子對「狂」和「狷」
的正視，是以「中道」作爲旨歸的，正視並不等於全盤接受，同樣，「不得中
道」不等於不力求「中道」，也就是說，孟子並未否認作爲價值目標的「中道」
及其意義，恰恰相反，他始終視這一層面爲更爲根本的內容。

　　正視「狂」和「狷」，卻又不以之爲價值或理想的所向，這是典型的批判
融合的視野，也正是「中道」所必然要求的。當然，依照孟子的性善論，狂
者和狷者也都是有善「端」的，這一點是毋庸置疑的，那麼，兩者也不應該
被剔除於可以成善的行列，只是要經過孟子所謂的「存夜氣」的工夫。而其
中最爲值得關注的是，狂和狷自身的品質，表明二者具有向善的潛質，因爲
狂者的狂，狷者的狷，雖然各有其所偏，但終究還是性情的自然流露，都是
眞實而無枉的形態。如孔子所見，「惟仁者，能好人，能惡人。」〔註26〕「好」
與「惡」作爲情感的表現，一般意義上與「過」或「不及」相關聯，但是，
卻往往又是至眞至切之情的表露，孔子將之視爲惟仁者方可具有的品格，而
且是仁者所必須具有的品格，因爲至眞性是仁所不可須臾相無的內容。孟子
對「狂」和「狷」的正視，也體現出這一點，「中道」作爲理想人格的內容，
必須以主體的眞誠性作爲支撐，而狂和狷所展現的，亦正是人的無妄性的一
面；若是進而以動態的眼光觀之，狂和狷構成了從容「中道」所必需的人格
方面的潛質，而狂和狷向「中道」的趨近，便是人自身道德的成就過程，毋
寧說，孟子對聖人之「過」的正視，也從一個側面佐證了這一點。而且，若

〔註25〕當然，宋明理學後期的某些思想家主張遍地是聖人，其中尤以泰州學派爲甚，
　　　　這一點是值得重視的。與其籠統地說他們在理論上主張遍地是聖人，毋寧說，
　　　　是他們在深刻反省的基礎上作出的矯枉過正，反省的對象則是宋明理學及其
　　　　將聖人極端理想化的傾向，其所帶來的後果便是將聖人作爲一種純然的現
　　　　實，在降低聖人的崇高性和理想性的同時，有將理想人格與世俗之人直接等
　　　　同的危險，甚或道德理想已經完全服從並服務於世俗精神，相對而言，這是
　　　　有悖於先秦儒學的本旨的。
〔註26〕《論語・里仁》

是自聖人教化的角度考之，便若王陽明所言，「聖人教人，不是個束縛他通做一般：只如狂者便從狂處成就他，狷者便從狷處成就他。」〔註27〕這是對孟子「思其次」主張的深度展開，因材教化，從而使不同的對象取得不同的成就，使之「中道而行」，而意識到狂和狷的可塑造性，則是其中的重要前提。

孟子對狂和狷的性質的認識，亦可從清人黃宗羲對兩者與「鄉愿」的比照中一窺其旨，「狂狷是不壞心術者，鄉愿是全壞心術者。」〔註28〕通過與「鄉愿」的對比可見，狂和狷固然沒有達到「中道」式的純然合於德，或者更確切地說，兩者沒有能夠全然以本體「恒心」爲心，因而表現出相對的道德斷層或德行不一，但是，卻不能因此否認二者之誠的一面，即內在的善的一面或向善的傾向與可能。關於此點，王陽明也作了類似的論述，「自喜於一節者，不足與進於全德之地；求免於鄉人者，不可以語於聖賢之途。」〔註29〕其態度也是非常明確的，「自喜於一節」式的狂或狷，仍然不失爲德性的表現，縱然難以成就全德，但卻遠高於「鄉愿」，因爲在他看來，「鄉愿」是根本上區別於聖賢之道的。也正是基於對「狂」和「狷」的正視，孟子的哲學理念往往可以被立場相反的雙方接受，並進而被用來替各自的言行作論證，但是，如果無視孟子由正視「狂」和「狷」而追求「中道」的路向，那是很容易導致「鄉愿」的，因此，明析狂狷與「鄉愿」的差異，也是有著重要意義的。

若是更進一步討論問題，那麼，對「狂」和「狷」的正視，又必然含有對好的潛質作進一步加工與現實化的要求，力求在德行中上達「中道」。在理解孔子的那句「不得中行而與之，必也狂狷乎！狂者進取，狷者有所不爲也。」〔註30〕的時候，馮友蘭指出：「他們（即『狂』和『狷』）不及『中行』，但還可以成爲『中行』。」〔註31〕此論以發展的眼光，較爲合理地解析了孔子視野中「中行」與「狂」「狷」的關係，既然「中道」是與「中行」相近的形態，那麼，上述解讀應該同樣適用於「中道」與「狂」「狷」之間。如果從認知的角度而言，王陽明的相關觀點也是很有啓發的，「知得過不及處，就是中和。」〔註32〕在狂和狷所彰顯的眞誠性的基礎上，對二者進行實事求是的認識，這

〔註27〕〔明〕王陽明：《王陽明全集》，上海：上海古籍出版社1992年版，第104頁。

〔註28〕〔清〕黃宗羲：《明儒學案・東林學案二》，北京：中華書局1985年版，第1436頁。

〔註29〕〔明〕王陽明：《王陽明全集》，上海：上海古籍出版社1992年版，第229頁。

〔註30〕《論語・子路》

〔註31〕馮友蘭：《中國哲學史新編》（上），北京：人民出版社1998年版，第165頁。

〔註32〕〔明〕王陽明：《王陽明全集》，上海：上海古籍出版社1992年版，第114頁。

是達到「中道」的極為關鍵的步驟，而且，這種認知本身就具有相應的「中道」品質。當然，單純從語言上看，王陽明有將「中和」歸於認知的傾向，但他的出發點，是為了凸顯對狂狷的合理態度的必要性，對正視「狂」和「狷」，及向「中道」的提升提出了積極要求，有益於適恰地理解孟子的立場。不妨更直接地說，正如孟子一方面批判「異端」，另一方面，又將不同之「端」作為重要構成的因素，納入動態的「中道」之中，狂和狷也可以為「中道」提供一定的基礎，因為兩者固然往往都以「攻於異端」的方式展開，但這同時也意味著對某一方面或某些方面的相當深入的展開，而當遭致由一「蔽」所造成的困境時，先前過程中的狂和狷及其結果並非一無所是，而是作為重要的借鑒性因素，成為「中道」的積極內容。

質言之，在孟子的「中道」理論中，正視「狂」和「狷」的存在與追求「中道」理想固然是兩碼事，但是，兩者卻又是具有內在關聯的，是可以達成良性互動的，即狂和狷可以經過價值的塑造而趨近於「中道」。因為「中道」本身具有重要的現實關懷，亦即意味著擁有相應的包容性，但這種包容性又是以對象的被改造為目標的，在孟子看來，縱使是作為「過」或「不及」的狂和狷，也不能被排除在這類的現實對象之外。因此也可以說，孟子繼孔子之後，對現實層面的狂和狷也予以正視，但是，這樣的正視，是以「中道」的視野和目標所指為前提的，也無法離開德行的具體展開。當然，不得不承認的是，孟子的道德理想主義色彩，對於有關聖凡（狂狷）關係的切實展開，是有一定的阻礙性的，尤其是將德性內省作為德行的重要內容，顯然是對德行具有消解功能的力量，所以，原本被重視的德行，便在一定意義上喪失了現實生命力，與此相應，聖人（「中道」）又獲得了絕對性意義。

第二節　以義制利 [註33]

在對待利的總體態度上，若是用兩個字概括孔子的立場，那便是「罕言」

[註33] 在先秦儒學史上，只有荀子以完整的表達，將「以義制利」的原則提出來，「不能以義制利，不能以偽飾性，則兼以為民。」（《荀子‧正論》）他基於性惡論義利，固然與孟子間有諸多的差異，但是，以義制利這一根本點，乃是儒家所共持的立場。因此，在《孟子》文本中，雖然並沒有明確地提出「以義制利」，但是，在孟子的「中道」精神之下，它顯然是貫穿其義利關係的立場的。

〔註 34〕，當然，跟出於對命和仁的敬畏與不可企及而「罕言」所不同的是，他之所以罕言利，更多地是因爲對之不屑言說。因此，同樣是「罕言」，內中的深意，卻是對利與仁（義）之間張力的突出，以孔子的話更爲明確地說，那就是「君子喻於義，小人喻於利。」〔註 35〕自存在的目的的層面，以究竟是志於義，還是志於利，來斷分君子與小人，顯然，是將利視爲義的消解性因素，利與義的對立是不容否認的。不過，雖然在道德的目的論的層面上，孔子對義和利作出了實質的區分，然而在另一方面，他卻也並未全然否認利及求利的相對意義，「富而可求也，雖執鞭之士，吾亦爲之。如不可求，從吾所好。」〔註 36〕對於值得（「可」）去求的利，他是不加反對的，甚至主張要摒除地位等方面的成見，以積極的態度去求利；而他所謂的「可求」（值得追求），不是自利自身的價值去衡量的，相反，利必須是符合道德的，因此，「可求」是在義的層面上說的。總之，就目的而言，若是自肯定的方面來表達，那麼，君子應該做到「欲而不貪」〔註 37〕，即必須以利之合於義爲根本；而在具體的過程上，則更應該做到「見利思義」〔註 38〕，時時處處以義爲第一義，背義之利是不能納入德行之域的。

1、義與利及其緊張

對於孔子在利的問題上的「罕言」基調，孟子一方面予以繼承，因而一定意義上甚至也染有擯棄利的傾向，但是，另一方面，出於「中道」的立場，他對義利關係作了更爲深入、細緻的考察，好像又從不迴避言利。當然，與其德性至上的立場相一致，孟子之所以言利，還是以使之趨於義爲指向的。

不容置疑的是，對於純粹的逐利，孟子予以斷然的否定與譴責。當梁惠王首見孟子時，便以久旱逢甘露式的期待問：「亦將有以利吾國乎？」，而孟子的如下回答是頗具深意的。

何必曰利？亦有仁義而已矣。……上下交征利，而國危矣。……

〔註34〕《論語・子罕》：「子罕言利與命與仁。」
〔註35〕《論語・里仁》
〔註36〕《論語・述而》
〔註37〕《論語・堯曰》
〔註38〕《論語・憲問》

> 苟爲後義而先利，不奪不厭。未有仁而遺其親者也，未有義而後其
> 君者也。王亦曰仁義而已矣，何必曰利？〔註39〕

至於此處的仁義，依孟子一貫的主張，則分別是以惻隱之心和羞惡之心爲其質（或「端」）的，都是德性的基本內容。不過，值得一提的是，他也曾明確地指出，「親親，仁也；敬長，義也；無他，達之天下也。」〔註40〕仁的一個必備且基本的向度，就是不遺棄自己的親人，即親親是德性之仁所不可或缺的基礎，但是，卻又不能全然等同於仁，仁必須超越純粹的血親，擁有更爲廣泛的對象和更爲豐富的內容；同樣，義之敬長，也並非完整的德性形態。實際上，仁義必然內含親親和敬長，甚至也不排除對個體自我的關注，但是如果執著於這一點，便很容易因而造成爭奪；亦即是說，在重視仁義的基礎性因素的同時，孟子也意識到親親與敬長的狹隘性一面，所以，他所謂的「仁義而已」中的仁義，更多地並非「端」的形態，而是「達之於天下」意義上的。若是結合利來分析，無視或摒棄仁義在天下層面的意義，則很容易因私而將利作爲行爲的目的，且行爲過程上也以利作爲實際的對象，從而可能導致現實社會及其發展的崩解。孟子所列舉的「上下交征利」，及其使國家危殆的結果，是他對統治者逐利及其過的深刻揭示，因爲那些都是有悖於大仁大義的，實質上都屬於不仁不義之舉。與之相對，他所呼籲的「不奪」，則成了仁義的表徵，實乃要求切實把握「度」，而這些又正是統治者所缺少的，毋寧說，對「不奪」之義的突出，即是「中道」意義上「不爲」的具體展開，其目的便是，在否定逐利的基礎上，使德性仁義在現實層面上眞正地變爲可能。

顯而易見，孟子較多地是從其性質及傾向的角度，突出利之背棄仁義的一面，就此而言，利與義是對立的，是互爲消長的，多一分利，則少一分義，而多一分義，便又少一分利。他多言利的否定意義，尤其是利缺乏仁義所必具的德性內質，很容易導致爭奪，力圖以此表明仁義相對於利所具有的根本性和積極性。從一定意義上講，「利國」是有其積極意義的，最起碼可以防止「小我」的肆意伸張，但是，孟子注意到，若純粹地自利的層面去「利國」，那麼，它便很容易成爲一種幌子，因爲以利爲指向的富國強兵，往往以攻伐爲務，將必然導致霸道橫行，相應地使得人道崩潰。萬章也曾說：「今之諸侯

〔註39〕《孟子‧梁惠王上》
〔註40〕《孟子‧盡心上》

取之於民也，猶御也。」〔註 41〕朱熹釋「御」爲「御，止也。止人而殺之，且奪其貨也。」〔註 42〕這種理解契合萬章的立場，也是有見於孟子之意的，在其時的現實之中，「利國」所意味的，正是統治者與民之間的掠奪與被掠奪關係，而焦點便在於利。因此，在孟子看來，以利爲目的的行爲，在道義上都難免陷入狹隘的境地，與其如此，他便索性一概反對將利作爲行爲的目的，這既是以現實爲參照和重要依據的，同時，也是孟子堅持德性論的必然結論。若是繼而從德性的層面言之，那麼，正是由於義的道德本質及其普遍性追求，所以，它能夠對社會及其發展起到相應的規避、引導與協調作用，跟利所具有的非道德傾向是相對的；否則，與義的缺失相伴生的，必然是利的惡性膨脹，「鄉原之道行，而見利忘義者得志矣。」〔註 43〕「鄉愿」是與「中道」相對的缺乏德性的形態，可見，若是沒有德性的秉持，利便易成爲唯一的目的，從而使德性層面的義進一步淪落，這正是孟子反對言利的重要原因。

在義利關係問題上，墨子立場的功利主義傾向相當明顯，這也是幾成共識的，但是他也認爲，「義可以利人，故曰義天下之良寶也。」〔註 44〕顯然是注意到了志功一致的一面。不過，問題的關鍵在於，作爲利的對象的人（他人），是很容易被偷換掉的，因而將側重點轉到利的層面，這樣一來，利便成了義的核心內容；而且，在以實功實利爲其關注點的墨子那裡，這樣的可能性與現實之間的距離是甚微的，「利人」被純粹的「利」所替代，這是與孟子的立場相反對的。不妨這樣說，與孟子相似，墨子注意到義可以在利的方面帶來積極效果，這是合理的，但是，如果又進而將這一認識進行邏輯上的逆推，即反過來以利的效果爲義，那無疑是很成問題的。若果作進一步的比較，那麼，孟子和墨子的差異，根本上在於是以德性爲目的，還是以功利爲目的，因爲墨子認爲，行爲的出發點和目標是「利人」，德性則是其中的重要手段，即他所主張的德行的目的始終是指向利的，而並非德性自身，所以，縱然他視野中的利，在原初意義上並不是私的層面的，但是，他沒有注意到利所具有的消解義的可能，故而很容易導致以利爲義〔註 45〕。在這一點上，孟子的

〔註41〕《孟子·萬章下》

〔註42〕〔宋〕朱熹：《四書章句集注》，北京：中華書局 1983 年版，第 319 頁。

〔註43〕〔宋〕楊簡：《楊氏易傳》，上海：上海古籍出版社 1990 年版，第 111 頁。

〔註44〕《墨子·耕柱》

〔註45〕自其理論進路可見，墨子的「利人」（即「交相利」）與近現代西方功利主義之間，無疑是具有相似性的。亦如麥金太爾所指出的，「當功利主義者談到最

立場顯然比墨子更爲徹底，首先，強調義對於利的根本義，將道德（志）置於功和利之上，從始基層面上嚴防利的惡性膨脹，換而言之，在目的的層面，利與義是沒有形式意義上的「中道」的，而「惟義所在」〔註46〕則體現了「中道」之切中德性之意；其次，縱使對利及其效果有所顧及，也並非像墨子那樣，過多地從目的層面考慮利的對象的範圍，在孟子看來，對純粹以利爲目的而取得的效果，在根本上是不義的，而不論獲利者的範圍是多麼地廣。

　　當然，有見於「時」的具體性和多樣性，孟子也意識到，作爲德性之核心內容的仁義，在德行中的表現有一定的多樣性和複雜性，但是，這卻並不意味著作爲善之本質的仁義自身具有差異。只要是仁人君子，那麼，「窮者」與「達者」的仁義之質是一致的，只是由於具體境遇的不同，才致使其成就的德性的具體形態有差異，即窮、達可以自利的層面予以計較，但是，理想的「窮者」和「達者」，是不能在德性上作區分的。更確切地說，孟子主張「志於道」，「心之所同然者何也？謂理也，義也。」〔註47〕在具體到義利關係時，也必須恪守「惟義所在」的基則，以仁義道德作爲現實行爲的追求，獲利不得有損於仁義的根本精神，都必須契合德性之道。在這個問題上，王陽明也持相類似的立場，「聖賢只是爲己之學，重功夫不重效驗。」〔註48〕德行是不以功利爲出發點和指向的，而更多地是出於道德目的自身的展開，也正是因於此，效驗層面的利便是次要的了。於是可以說，在孟子看來，德性是德行的出發點或基點，德行則以成就與體現德性及其完善爲目的，至於德行過程中的利，與德性層面的義是有不容忽視的差異性的，不能對之過於伸張，更不能被作爲行爲的目的；質言之，從其理路而言，對義、利兩者共存與緊張

　　大幸福時，實際上常常談的是關於行爲的一個相當特定的目標，……這個目標就是公共福利，……功利主義者主張採用公共幸福的標準不可僅僅說是一個錯誤。……因爲我們現在很清楚地意識到人的可塑性，也很清楚地意識到了這個事實：可以用各種方式影響人們，使其接受或滿意於幾乎任何事情。」（〔美〕麥金太爾：《倫理學簡史》，龔群譯，北京：商務印書館2004年版，第308～309頁）即功利主義以公共之利爲幸福，但在具體過程中，卻易偏離公共的指向，最終以利爲幸福，因而失去其道德性。所以，據麥金太爾的立場，若是要解決功利主義的問題，就必須重塑道德在社會發展中的權威，這與孟子在義利關係上的立場也是具有可比性的。

〔註46〕《孟子·離婁下》
〔註47〕《孟子·告子上》
〔註48〕〔明〕王陽明：《王陽明全集》，上海：上海古籍出版社1992年版，第110頁。

的正視，固然體現了不偏不倚的進路，但卻又以切中於仁義爲其根本，貫徹「中道」精神的意圖因此也可見一斑。

至此而言，孟子在義利關係上的立場，若是從目的論的層面來考察，那是非常明確的，以利作爲行爲的目的，所導向的將不是德行，而是對仁義的損害或踐踏，顯然他是將義和利分作兩端，所以，與孔子所主張的「義以爲上」相類似，孟子所提出的「惟義所在」，也力主以仁義爲首義，甚至大張旗鼓地反對「曰利」，從而表現出意志論的傾向。但是，如果自德行的現實展開而言，問題卻又變得相對複雜了起來，由於利是基本的現實因素，這就決定了他不能純然拒絕利，而在一定意義上，孟子鑿實也是力圖這樣展開他在義利關係上的主張的，他以「中道」理念觀照利的相對價值，正視並承認利在具體境遇中的重要性，結合這一層面而言，孟子又並非單純地主張意志論，而是其「中道」視野中的意志論。

2、利不悖義（道）

自其性質和趨向而言，義與利是具有根本性差異的，人的現實作爲必須以仁義爲其出發點和歸宿，而不能以利作爲行動的指南或取向，基於此，孟子表現出以言利爲恥的傾向。但是，不以利爲目的與杜絕利又是兩碼事，孟子在對利進行聲討的同時，一定意義上又在聲張利，只不過這種「利」，已經不是純粹功利意義上的利了，而更多地是以義爲支撐和所指的，並因德行過程的具體展開，故而獲得了其價值，這也正是孟子對其所主張的「中道」的切實貫徹。

> 非其道，則一簞食不可受於人；如其道，則舜受堯之天下，不以爲泰——子以爲泰乎？〔註49〕

> 民非水火不生活，昏暮叩人之門戶求水火，無弗與者，至足矣。聖人治天下，使有菽粟如水火。菽粟如水火，而民焉有不仁者乎？〔註50〕

首先，一如前論，現實中的利的合理性，源自於它的不悖義（「道」），否則，便是非道德之利，是必須加以擯棄的。在他看來，要是根本上以利爲目的，

〔註49〕《孟子・滕文公下》
〔註50〕《孟子・盡心上》

則很容易僅僅根據利的大小來裁斷行爲的價值，就會像墨子那樣模糊義與利的界限，從而導致以利爲義。孟子認爲，天下是最大的利，一簞食則是至小之利，而他之主張捨小利、取大利，除了肯定取利具有一定可行性以外，貌似於利的大小上考量，但實乃以合於義爲其根本義的，也就是說，利之取捨是否合理，並不是以利的大小來衡量的，而是以它是否契合德性之「道」爲依據的〔註51〕。在這一點上，孟子與孔子是持共同立場的，孔子也曾經認爲，「富與貴，是人之所欲也；不以其道得之，不處也。貧與賤，是人之所惡也；不以其道得之，不去也。」〔註52〕程頤釋之曰：「富，人之所欲也，苟於義可求，雖屈己可也；如義不可求，寧貧賤以守其志。非樂於貧賤，義不可去也。」〔註53〕對於合義之利，即使委屈自己，也可以一求，甚至無需避捨小利、取大利之嫌；但，如果利不合於義，則不可奢求。當然，由程子之釋，可以引申出關於「孔顏樂處」的一個值得關注的意向，此「樂」的核心並不在於貧賤，而是隨後者而生的精神價值，若是直接說貧賤是合於義的，倒不如說所樂之利必須合義，因而在一定境遇之下，不妨說貧賤乃是一種利或「富」，樂之純屬當然。所以，孟子以義制利的立場，也並非主張樂貧，其中縱然有樂貧的傾向，並且容易被往這一方向發展，但其本意乃是突出德性相對於樂（幸福）的根本性。

孟子所正視並樂見的利，顯然是合於道德之基本義的那種，亦如《論語》中所言的「義然後取」〔註54〕，在秉持仁義本位及義利之分不可模糊的前提

〔註51〕此處必須突出說明的是，我們固然需要更爲全面、合理地認識利在孟子哲學中的地位，但是，卻不能將孟子視野中的利拔得過高，否則，是有違孟子的哲學精神的。胡適曾經用「樂利主義」來評價孟子在義利關係上的立場（參看胡適：《中國哲學史大綱》，北京：東方出版社1996年版，第265～267頁），當然是源於他自身學術立場的「蔽」，從而有將其自身的立場強加給孟子的味道；張松輝和周曉露認爲，孟子在「性善論」之外還提出了「性利論」（參見張松輝、周曉露：《〈論語〉〈孟子〉疑義研究》，長沙：湖南大學出版社2006年版，第285～288頁），對前賢所理解的孟子視域中的義利關係，更未免有矯枉過正之嫌。毋寧說，在孟子理論體系中，義是無論如何不能歸之於利的，相反，不管利以怎樣的形態展現出來，義始終都必須是其首義，不能將利作爲較義更爲根本的內容。

〔註52〕《論語・里仁》

〔註53〕〔宋〕程顥、程頤：《二程集》，北京：中華書局2004年版，第1144～1145頁。

〔註54〕《論語・憲問》

下，孟子力圖在義與利之間尋找現實的交匯點。在他看來，對人的基本生活層面的利（如水、火等）的關注，是出於維繫生命並進而引導人向善，根本上是出於仁義之心的，也是仁義的現實表現，所以，他才進而將之視爲民之趨向仁義的必要內容。由此可以說，在「中道」視野中，利有背棄義的可能性，但對義的恪守，並不是以排除利爲標誌的，而對利的重視也並非都是不義之舉，尤其是那些基本之利，也就是說，「惟義所在」更多地體現在利以義爲目的這個宏觀層次上，是要求利能夠貫徹並體現義的維度，而不是主張絕義於利之外，沒有德性意義的利，只能是道德虛無主義的玄想，其實質上往往又是悖義的。如若以楊澤波先生的話說，便是「在價值選擇關係中，義與利只有層次之分，沒有絕對的排他性，選擇義不一定必須排斥利，選擇利也不一定違背義。」〔註 55〕其中的核心之意便是，在一定意義上，義與利是既相異又互融的，而正是這種既相異又互融，使得義利關係呈現出多樣而複雜的特徵，當然，誠如再三指出的，不論在義利間怎樣選擇，孟子堅持認爲，利都必須在義的限度之內，這也就是「層次之分」的確切所指。

具體而論，在以義制利的總體原則之下，孟子於德行中對利的寬容，集中體現在他對利的範圍和次序的關注，在範圍上要求將利推向民，而次序上則相應地要求先盡民享。當齊宣王羞羞答答地指出自身好利的缺點時，孟子便直截了當地提出「王如好貨，與百姓同之」〔註 56〕的建議，主張顧及百姓的基本生活，並且，進而把是否滿足百姓之利，作爲考量仁政的重要標準，顯然是出於對合理之利的認可。若是更確切地說，對百姓之利的重視，又並非單純的範圍的問題，就利而言，範圍的大小是次要的，而在於是否合乎義，是否以民利爲先，不合於義者，即使範圍再大，那也是不合理的。尤其是在可能有損於君主利益的情況下，究竟能否合理地處理義與利的關係，那才眞正地體現了是否秉守德性。孟子之所以不認同梁惠王式的「河內凶，則移其民於河東，移其粟於河內。河東凶亦然。」〔註 57〕其中的關鍵便在於「移」與「發」之間的差異，「移」僅是在民之間進行，範圍也不可謂不廣，但卻沒有觸及也沒有損害到君主的利益。而「發」卻更多地體現君民之間的互動關係，因爲這觸及到君主自身的利益，正是「發」打破了「移」的自私性，彰

〔註 55〕楊澤波：《孟子評傳》，南京：南京大學出版社 1998 年版，第 256 頁。
〔註 56〕《孟子·梁惠王下》
〔註 57〕《孟子·梁惠王上》

顯了君對民的愛，是合於義的「利國」和「利民」，也是以義制利的具體形態。

　　至此，不妨作一具有總結性的分析，孟子所論及的利，至少可以自兩個層面做出討論。一者是在根本上背棄義的，往往與德性格格不入，它以利自身為出發點和目的，亦即以利求利，甚或以利為義；而形式上則更多地是指私利、短利，當然，必須意識到的是，利在範圍或視界長短上的區分又是相對的，並不是說所有的公利或長遠之利都是合於義的〔註58〕，此處的核心之意是，那些具有私的性質的利，往往都是不義的。對這樣的利，孟子的主張是，必須加以擯棄，而裁斷和校正的依據則是義，至於義之所以能夠具有如此高的地位，根本原因則在於它始終是以仁為最高準則的。另一種利，在根本上是合乎仁義的，而在形式上則表現為公利、長遠之利，孟子將之視為義的必然結果在功的層面上的表徵，此利與義非但不衝突，而恰是協調一致的；在一定意義上，合義之利正包含於德行之中，而義則表現為實現利所必需的規避因素，從而也相對地獲得了手段和工具的意義，是獲得利益的正確方法和維持利益的有力保障。當然，義在德行中的如此展現，也是以合於德性為其根本目的的，這一點又是孟子所一再強調的，他沒有否定義本身就是目的，而且是更高、更為根本的目的；若是自實質與形式相統一的角度而言，那麼不妨說，義更多地又是原則層面的目的性與操作層面的手段性的合一，而這一合一也相應地為德行中對利的顧及留下了餘地。毋寧說，義利之間這樣的區分與聯繫，是義利關係上「中道」精神得以展開的必需，從中更是體現著「中道」，與之相反，如果斷然在義、利間平添一條鴻溝，那麼，顯然意味著絕對主義，義利之間的溝通也因而是不可能的。

　　綜而言之，依孟子之見，義和利是兩個並不等同的概念，而是有著複雜關係的內容。義是利之根本，不以義作為自身之支撐和趨向的利，是沒有意

〔註58〕就孟子視野中的義利關係問題，勞思光有如下一段論述，「義即理，有普遍性；利則只有特殊性。特殊性不能作為價值規範之基礎，循利而行，必見爭攘。故出一『奪』字。循利必生奪，以利必為私故也。義利之辨亦即公私之別。」（勞思光：《新編中國哲學史》（一卷），桂林：廣西師範大學出版社 2005 年版，第 125 頁）指出義和利往往分別與普遍性（公）和特殊性（私）相聯繫，乃是有見於兩者的特性的，但是，進而將義利之辨等同於公私之別，在邏輯上是不能成理的，有失之於武斷之嫌。在孟子的視域內，不論是普遍性，還是特殊性，都只能是義或利的特性或表現形式而已，乃是相對的，更深層的意義應該是其德性旨歸。

義的，但是，義作爲善的內容和要求，也仍須在具體的境遇中，得到具體的貫徹和彰顯。因此，在以義爲首義的基本立場下，孟子結合社會發展的實際，對利予以了相應的關照，並力圖在德行中貫通利和義。這樣的努力，內涵了對「中道」的追求，在克服孟子哲學的唯意志論傾向方面具有積極意義；不過，另一方面，孟子於義利間對義的突出，又難免失其當的傾向，尤其是將德行中具體的對利的重視，一味地上升到目的論的層次予以批判，進而被用來爲純然拒絕利作佐證，孟子如此地無視現實融通性，也正表明了他並未能適恰地貫徹和展開「中道」精神。

第三節 「獨善」與「兼善」

在其以仁、禮爲核心的哲學思想中，孔子業已將群己關係作爲考察的重要內容。他所主張的「己所不欲，勿施於人」〔註 59〕的總體原則，以對自我所可能具有的負面意義，推及可能對他人造成的負面效應，表明己與群（他人）之間的可溝通性，因而不排除在利的方面要求更加注重群體，也就是說，對群體的有利性，在價值上要相對高於單純的對己的有利性，這也是孔子對因「欲」之私而可能陷入「貪」的謹防。「夫仁者，己欲立而立人，己欲達而達人。」〔註 60〕就德性之仁而言，自我境界的提升是基礎和根本，但是自我德性的展開和實現，卻又並非是純粹個體層面的問題，「立人」和「達人」也是其中必需的內容，而且正是後者從整體上構成了仁，故此，孔子方說「修己以安百姓」〔註 61〕，而「安百姓」又必然是指向塑造百姓之德的。在孔子看來，不能無視群對於己的重要作用，後者及其德性的鑄就和彰顯，無法離開其所置身的具體境遇，而群則是境遇的重要形態，因此，「三人行，必有我師焉，擇其善者而從之，其不善者而改之。」〔註 62〕固然強調個體所具有的人格獨立性及其反省品格，但是，不論善者，或者不善者，群則爲個體的獨立和反省提供了基本條件，毋寧說，不論是善者的順導，還是不善者所提供的借鑒，無疑都是道德進步的推動力量。

〔註 59〕《論語・顏淵》
〔註 60〕《論語・雍也》
〔註 61〕《論語・憲問》
〔註 62〕《論語・述而》

1、利的層面上的己與群

　　類似於孔子，孟子在利的層面上對己與群的關係也給予了一定的討論，當然，在一定意義上，這一討論又是與義利關係交織在一起的，他力求在恪守「中道」之旨的基礎上，賦予群己關係以更為豐富、更合時宜的內涵。孟子與齊王有如下的一段對話：

　　　　（孟子）曰：「獨樂樂，與人樂樂，孰樂？」（齊王）曰：「不若
　　　　與人。」曰：「與少樂樂，與眾樂樂，孰樂。」曰：「不若與眾。」
　　〔註63〕

相比於仁義之德，此處之「樂」更多地是利的層面的內容，孟子通過與齊王的問和答，所欲突出與襃揚的是群體之樂，因為它比單純的個人之樂更有價值，相對而言，這也是為齊王所認同的。毫無疑問，單純自其廣狹而言，「眾」（群體）往往具有相對廣泛的代表性，而「獨」（己）則更多地表現出私的色彩，有見於此，孟子視「眾」為群體利益的載體，相反，君主卻往往被一私之利所遮蔽，容易陷入因「獨樂」而失德的境地，所以他旗幟鮮明地指出，君主雖然在政治地位上高於民，但是在利的問題上，必須充分照顧群體的訴求。孟子通過讓齊王在價值關係上作選擇，引導後者得出「眾樂」高於「獨樂」的結論，從而明確了群體之利相對於個體之利所具有的更為積極的意義，而且可以這麼說，對群體之利及其價值的高度重視，正是孟子關注民利的較為重要的理論源頭。

　　作為價值選擇的結果，將群體之利置於個體之利之上，顯然帶有理想性、靜態性色彩，孟子也有鑒於此，因而自兩者的先後次序上提出了要求，力圖為價值選擇提供更為切實、有效的保障，這也是孟子依持「中道」而作出的籌劃。當梁惠王將賢者與樂絕對對立，並進而試圖否認賢者也有「顧鴻雁麋鹿」式的「樂」時，孟子的回答是斬釘截鐵的，「賢者而後樂此，不賢者雖有此，不樂也。……古之人與民偕樂，故能樂也。」〔註64〕他是以樂之先後來區分賢否，而先後之序乃是相對於民及其樂而言的。照孟子的理論進路，不賢者往往是要先樂，但卻無法樂，因為他無視民生、背棄民意，與之相反，樂而不為民之先，則民便樂其樂，在這個意義上，與民偕樂也就意味著己之樂；亦即是說，在孟子所主張的賢者後樂中，蘊涵著一個與民偕樂的指向，

　　〔註63〕《孟子·梁惠王下》
　　〔註64〕《孟子·梁惠王上》

相應地，與民偕樂又是以賢者的後樂爲重要前提和保障的，並進而在與民偕樂中帶來賢者之樂。質言之，有德的個體（賢者）正是在首先關注群體之利的基礎上，才能順理成章地實現自身之利，若是純粹地以個體自身的利爲目的，並且在具體過程中也秉持這一點，那麼，便會由於與群體（民）相衝突，而導致個體之利也無法兌現，在此意義上，群體之利便成了實現個體之利的前提和保障性因素。

如本章第二節所論及的，墨子以主張「交相利」而出名，他的這一立場又以「兼愛」爲其根本指針。然而，在墨子哲學思想中，過於求「同」的傾向是值得反思的，他一味地突出群體之利，並將「上」（君主）作爲「同」的最佳和最本源的形態，故而主張「上之所是，必皆是之，所非，必皆非之。」「天下之百姓，皆上同於天。」〔註65〕個體應該服從群體，在一定意義上本無可厚非，但是，他將民視爲個體的代表，而「上」則成爲群體的代表，因而要求民必須聽從在上之君，實質上亦即以獨斷的個體的「上」統馭了群，這不可不謂是與孟子之意相左的。也就是說，正是因爲兩者不同的基本立場，君和民被視爲不同利益的載體，所以，造成孟子和墨子在己與群關係上的重大差異，前者多少要求重視群體（民）的利益，主張君主應該將與民偕樂視爲自身之樂的重要來源，而後者雖然在具體層面上注重民利，但是，卻在根本上將群體之利的載體歸於「上」（君主），使得群及其利的意義也相對地比孟子的相關立場黯淡了許多。

自如上分析，可以肯定的是，任何一種紮根於現實的理論學派，無論是儒家，還是墨家，都是相對注重群體的合理之利的，也就是說，在他們看來，「相對於群體的安定，自我的實現多少居於從屬的地位。」〔註66〕但是，注重群體及其利的實現，卻又並不意味著全然否定個體及其利，與個體相比，群體的優先性及其意義的突出，更多地是在面臨兩難選擇時所秉持的原則，不過，如果在群己和諧的狀態之下，群己關係問題上的爭執是沒有太多意義的。在孟子看來，「窮則獨善其身，達則兼善天下」〔註67〕是具有絕對意義的，然而，「窮」與「達」並不是兩種實存狀態，而更多地是兩種可能性，至於「獨

〔註65〕《墨子・尚同上》
〔註66〕楊國榮：《孟子評傳——走向內聖之境》，南寧：廣西教育出版社 1994 年版，第 58 頁。
〔註67〕《孟子・盡心上》

善」和「兼善」，則是德性層面的應然性要求，兩種可能性及其應然性反應背後所蘊含的，是己與群的溝通與相互依存。毋寧如是說，完善的群己關係下，群體之利的實現，是個體及其利的指向所在，但是，在實現群體之利的前提下，確保個體的幸福，也是從中的應有之意，所以，群體便又成了個體之利得以實現的重要保障。概言之，以孟子之見，在利的層面上，「中道」之意下的己與群，兩者是應該且能夠在協調展開中良性互動的。

誠若前面所指出的，應該承認的是，利的層面的己與群的關係，實際上也是義利關係的延伸和展開，故此必須強調的是，不論是關注群體之利的優先性，還是不忘顧及個體之利，在根本上都是不能違背義的。違背人倫大義的利，縱然表面上是群體層面的，那也無法擺脫私的色彩，因此，與其說利的層面上的己與群的關係側重於其範圍的廣狹，不如說更多地是關注於利是否合乎義，己與群之利及其各自性質，是以所蘊含的德性意義為基礎的，這才是「中道」視閾中己與群關係的核心。

2、己與群的關係的德性意義

己與群在利的層面上的關係的相對性，凸顯了其德性意義的絕對性和根本性。在孟子看來，不論是個體成就自我，還是群體的發展，其更為深刻的意義，應該是德性層面上的，即己與群的關係以德性為其內容，且必須契合道德，並因此體現其價值。

> 尊德樂義，則可以囂囂矣。故士窮不失義，達不離道。窮不失
> 義，故士得己焉；達不離道，故民不失望焉。古之人，得志，澤加
> 於民；不得志，脩身見於世。窮則獨善其身，達則兼善天下。〔註68〕

上引中，孟子開宗便明義，在己與群的關係問題上，以德為首義、以義為準則，是其本旨之所在，也是理想人格塑造的核心內容。至於窮或達，作為與「獨善」和「兼善」相對應的前提性內容，相對而言，只是外在的，而且更多地是可能性意義上的，並不能撼動德和義及其作用。當然，對於「窮則獨善其身，達則兼善天下」，一般認為，前半部分突出了自我及其實現，後半句意在強調廣義的「天下」（群體）之於個體的目標價值。但是，如若過於強調這種二分，甚至進而將之分別與窮和達的差異聯繫起來理解，便很容易人為

〔註68〕《孟子・盡心上》

地在個體自我與天下之間置上一道鴻溝，乃是有悖於孟子「中道」要求的。其實，誠如上述所曾經指出的，在孟子的理論視野中，並沒有這樣不可逾越的鴻溝，因爲他是明確地說「窮不失義」的，一方面，義作爲普遍形態的德性內容，顯然並非限於純粹的自我，也就是說，窮並不意味著缺乏「天下」的關懷，相反，窮也必須以天下爲己任；另一方面，從窮與達的貫通而言，也無法否認「獨善」所蘊涵的「兼善」的走向，也正是這一點，方使得聖人之窮在本質上異於凡人之窮。所以，據「中道」的精神，在孟子看來，「兼善」固然是「獨善」的目標，但同時更是貫穿於「獨善」之中的，而「獨善」則是「兼善」的基本德性前提，它是後者得以實現的必然途徑和方向上的保障。即是說，個體道德的完善，不但不排除群之價值的追求，反而是必然包涵著後者的，並正因爲後者，而使得個體的完善成爲可能，同時也獲得了其自身的意義。而相比於德和義，由窮和達所產生的複雜性，乃是相對的，爲己與群關係的展開提供了機緣而已，切中於道德方是其根本。

若是具體到孟子對「兼善天下」的關注，較多地體現在他對仁政的突出，這也正合乎孔子所謂的「能近取譬」的精神。他認爲：

> 堯舜之道，不以仁政，不能平治天下。今有仁心仁聞，而民不被其澤、不可法於後世者，不行先王之道也。故曰，徒善不足以爲政，徒法不能以自行。〔註69〕

此處，孟子力主行先王之道，也就是強調道德及其發展是歷史性的過程，只有在歷史的延展之中，德性及德行才能夠獲得不斷延續和發展的形態；換言之，王道必須下貫到仁政之中，才能具有現實意義，否則，王道便是純粹的理想而已，這本是孟子此論的應有之意。但更應該指出的是，孟子於此突出了己與群的關係在德行層面的展開及其意義。「堯舜之道」是王道的代名詞，王道是「堯舜之道」的實質，作爲個體的堯、舜，則是它的稟有者。所以，從其作用過程而言，王道更多地是以德性的個體爲載體和主體的，而仁政則是個體將王道向群展開的具體過程；「堯舜之道」若是不能落實到作爲群的民的身上，也就意味著作爲歷史過程的德行就此中斷，而其根源則在於個體德性的泯滅。可見，孟子是以是否「兼善天下」，作爲衡量個體之德成就與否的標準，即個體之善無法離開群體而單獨具有完整的意義，因此，秉有堯舜之德並踐行堯舜之道的個體，必須在仁政的展開中完善自身並因而彰顯其價值。

〔註69〕《孟子‧離婁上》

　　至於「兼善天下」落實在民（群）身上的表現，最鮮明的便是「澤其被」，但是，除了上述的群利之外，「澤其被」亦必然內含著群之德性的穩固與提升，而且，相對於群之利，後者更具本質意義。孟子也指出，「取諸人以爲善，是與人爲善者也。故君子莫大乎與人爲善。」〔註70〕通過仁義道德的感染，追求人類整體德性的提升，實現個體之德向群的維度的擴展，進而達到天下歸仁的目標。當然，在「澤其被」的總體目標之下，孟子採取了更爲契近「中道」的具體徑路，在強調德行對民之薰陶、教化作用的基礎上，也兼顧法之於仁政的不可或缺性。在社會運作的層面上，「徒善不足以爲政」即意味著，善的展開必然要求一些更爲切實的內容的一併作用，否則，純之又純的善是無法在現實中貫穿和體現出來的；也就是說，由「善始」而「善終」，必然要經過具體現實的淘洗，而一些非德性層面的內容，則相應地成了必需，法便是其中不可缺少的因素。《賈誼傳》中曾對禮和法的關係有一精闢論述，「夫禮者禁於將然之前，而法者禁於已然之後」〔註71〕，禮和法在作用次序上的先後，更多地表明兩者間相互依存、不可或缺的關係，與孟子的主張是有可比性的；如若離開法，善的展開便無法得以保障，而且，更會因「徒善」而導致純粹的「責善」，是無法「善終」的。總之，在孟子看來，「兼善天下」以民「澤其被」爲重要內容，而德性之善則是仁政的絕對前提和本質特徵，但是，若果缺少了手段層面的法的貫徹和保障，那麼，仁政更多地只是概念性或理想性的。

　　不過，據「中道」及其德性之旨，孟子在注意到法對「兼善天下」的重要性的同時，便立刻意識到片面強調它可能導致嚴重的後果。在他看來，法的重要性必須在道德首義下方能成言，過於突出法所展現出的現實保障功能，往往有損甚至阻礙善的實現，因此，「徒法不能以自行」，也正是從德性的層面對法作出了限定。毋寧說，依照孟子的一貫路向，法的推行也是以有德之個體爲主體的，這一點是絕對不容忽視或否認的，否則，「行」便不能成爲德行。徐復觀先生曾經指出，「若將法解釋爲政治上所應共同遵守的若干客觀性原則，及由此等原則而形之爲制度，見之於設施，則孟子乃至整個儒家，是什麼地方不重法治呢？」〔註72〕如果將此論稍作引申，便更有益於理解孟

〔註70〕《孟子·公孫丑上》

〔註71〕閻振益、鍾夏：《新書校注》，北京：中華書局2007年版，第467頁。

〔註72〕徐復觀：《儒家政治思想與民主自由人權》，臺北：臺灣學生書局1979年版，第128頁。

子的立場：應該將孟子視野中的法，理解爲在王道原則下的仁政的具體作用因素，與法家單純地將之視爲刑法意義上的法是有原則區別的，因爲後者之缺乏「溫情脈脈」，也就意味著而且必將致使人性遭到戕害。質言之，孟子承認法的作用和意義的同時，又始終堅持以人倫作爲其現實的出發點和基本原則，強調有德之個體乃是法的執行主體，這在消除法家之酷法的人爲性或隨意性方面，是具有相當積極的意義的，也在德與法的統一與互動中，使得己與群的關係更爲合理地展開，以促進社會的整體進步與發展。

　　不妨再回到「獨善」與「兼善」的關係，作一更深入的分析。孟子力求以「中道」的視野，關注因「獨善其身」而「兼善天下」。首先，主張個體之德的根本性，也就是如他所說的，「君子之守，脩其身而天下平。」〔註73〕將天下的平治，建基於個體道德修養之上，對於確保仁政的方向性或合理性是非常必要的。而內涵於「獨善其身」之中的「兼善天下」，也爲個體道德的進一步完善提供了動力，「愛人不親，反其仁；治人不治，反其智；禮人不答，反其敬——行有不得者皆反求諸己，其身正而天下歸之。」〔註74〕不容否認的是，個體的仁義在群的層面得以實現並展現，定然利於個體德性的提升，這也是道德教化的必然結果；但是，縱使個體之德沒有能夠在群的層面引起共鳴，那麼，仁者必定以其所本有的「反求諸己」的品格，通過反省內求的工夫，在道德自覺的不斷內省中完善自我的德性。因此，作爲目標的「兼善天下」，其展開的過程及結果，都對個體之成就道德具有積極的促進作用，個體正是在追求群體的完善中，不斷地完善自我之德性，而個體德性的成就，又將進一步有益於「兼善天下」。

　　綜而言之，孟子突出個體內在道德及其修養，他認爲，個體德性自我的充實，是群體完善的必要前提，也就是說，被仁義等道德因素所塑造的個體，是群體價值得以彰顯的必需，因而具有明顯的「爲己」的性質，而且，在心性論的系統中，這一點是有被過於突出的嫌疑的。但應該承認的是，個體自我的完善又具有開放的特性，它的一個極其重要的內容，便是關注於以他人作爲因子的群的完善和發展，以作爲群體的人類的完善爲目標，當然，群體的完善，又必將爲個體德性的進一步昇華提供全新的平臺。因此，孟子堅持個體成就德性的首要性和相對獨立性，同時又將個體道德的昇華，置於其不

〔註73〕《孟子・盡心下》
〔註74〕《孟子・離婁上》

斷完善群的努力之中，可以這麼說，相對於群體及其所具有的價值歸宿的特性，個體及其道德力量的優先性，較多地體現在前提性和保障性這一方面，另一方面，群體的完善，作爲個體及其道德的組成性因素，無疑是後者的更爲重要的內容和目標，正是這樣一種「內嵌」式的關係，使得己與群的關係在孟子「中道」宗旨下得以較爲合理地展開。

第五章 「中道」與王道

　　與「中庸」相類似，「中道」也有其社會發展層面的籌劃和目標，至於這一籌劃和目標的核心，顯然又是集中於王道的，換言之，正是在「中道」精神之下，孟子對王道進行了全方位、深層次的論述。在他看來，民是政治實踐的焦點，也是王道的現實力量之源，基於這一基本認識，他將義利關係上的立場，充分展開於民之生存與發展的問題上，一方面，固然重視德性教化對民之「恒心」的必要性，但同時，又正視利對民的重要意義。君臣關係的處理，也是王道的重要環節，依循「中道」之旨，孟子不否認兩者在「位」上的區分及高下，但是，他卻有著明顯的以德定「位」的傾向，毋寧說，「中道」視野中德性與「位」的關係，使得君臣之間多了幾分複雜性。至於王道的主體，孟子認爲是有道德的王，內聖則是王的德性本質，因此，尊王賤霸成了他的首要立場，然而，與他在民的問題上的有關觀點相聯繫，孟子又並未絕然否定霸的意義，相反，他有著一定的溝通王霸的傾向，這充分體現了他所稟有的理想與現實相結合的視野，也爲「中道」做了相應的注腳。

第一節　仁民

　　在民的問題上，孔子有一句較爲著名的論斷，就是「民可使由之，不可使知之。」〔註1〕若是從德性自覺的層面理解，顯然意在突出民具有後知後覺性，甚或根本就不能使民「知之」，因而對民的道德教化也相應地具有其艱巨性。但是，民並非不能上通於道德之境，「道之以德，齊之以禮，有恥且格。」

〔註1〕《論語・泰伯》

〔註2〕其中的關鍵在於，使民進德向善的方法須得當，要注意以合乎德性的路向引導之。而在孔子看來，導民向善便無法迴避民利的問題，「因民之所利而利之，斯不亦惠而不費乎？」〔註3〕也就是說，作為美德之一的「惠而不費」，是以順應與滿足民利為其重要內容的，而且，他更是明確地將「博施於民而能濟眾」〔註4〕，視為只有聖人才能具備的品質。由此可見，一方面，孔子突出民之德性教化的重要性，另一方面，他又將民利的實現作為體現聖德的要素，顯然是走了一條兼顧民德和民利的致思之路，對孟子產生了一定的影響。

1、民「命」和民伐

基於歷史和現實，對於民力之偉大，孟子是有深徹的認識的，他也多次從正反兩方面進行了對比。自正面觀之，誰若是獲得了民心，便能得到民力之助，那麼，表層上就體現為統治的安平，而實質上則意味著能順利地向王道理想推進；自反面觀之，誰要是失去了民心，便會遭到民力的反擊，民會依憑「時日曷喪，予及汝皆亡」〔註5〕的精神，展開猛烈的抗爭，直至統治最終崩解。以是言之，孟子非常重視民力的作用，而此作用的方向和性質，則取決於得民心與否，自更深層的角度而言，他無疑是強調德性和德行的重要意義，因為民的力量並不是無意識的，它恰恰是在關注當權者德否的基礎上所作出的反應。不妨更直接地說，當權者之德性是得民心的根本，對於力行王道者而言，仁民自然是其積極作為的方面，民心及民力因而與其王道理想的方向是一致的，所以，在一定意義上，有德之王的命運又是掌握在其自己手中的。但是，以「中道」視野審視之，當時歷史條件下的「王」多是悖德的，並非德性意義上的王，而在無德者面前，民的力量便如洪水猛獸般，民「命」及其意義體現得甚為顯明。

在怎樣獲得天下這個問題上，孟子明確地說「天子不能以天下與人」，而是「天與之」的結果，他對此還做了一番解釋與論證。

> 天不言，以行與事示之而已矣。……使之主祭，而百神享之，
> 是天受之；使之主事，而事治，百姓安之，是民受之也。天與之，

〔註2〕《論語・為政》
〔註3〕《論語・堯曰》
〔註4〕《論語・雍也》
〔註5〕《尚書・湯誓》

　　人與之，故曰，天子不能以天下與人。……泰誓曰，「天視自我民視，

　　天聽自我民聽。」此之謂也。〔註6〕

相對而言，跟天子以天下與人相聯繫的，更多地是主觀隨意性，相反，「天與之」則有決定論的印迹，但是，孟子卻又並未將這一印迹凸現出來。被他認爲是示「天」之意的行與事，更多地是指可以經歷的人的行動和事爲，並不具有神秘色彩，因爲對於人之外的神秘力量，人是無法感知的，更是不可曉解的，而孟子所強調的「示」，則遵循與體現著德智統一，是本之於德性而又合於大智的「示」。

　　不容否認的是，孟子視野中的「天」（「命」），是有著一定的超驗性的，而且，這一超驗之「天」的預設，對他的心性論是具有特殊意義的，然而，孟子並未將「天」的超驗性推向極端，相反，這樣一個預設的實體意義卻是相對較弱的。相對而言，「中道」精神下的「天」（「命」），無論是相對於人類而言的非人力層面上，還是相對於個人而言的民力層面上，都意在突出其非操控性，及其在超逸於單純的人類或個人主觀性層面的意義，孟子並未在立「命」之路上走得更遠，神義之「命」的意味在他的思想中是不甚明顯的。誠如因臧氏之讒言而未能見魯侯那件事，雖然他明確地說，「吾之不遇魯侯，天也。臧氏之子焉能使予不遇哉？」〔註7〕自表面看，是將不遇魯侯歸之於「天」（「命」），而從實際的發生過程觀之，顯然是臧氏之人爲的結果，只是相對於孟子本人而言，這是無法預知和不可控的，與荀子所謂的「節遇謂之命」〔註8〕，是具有一定的相似性的；但此處又不得不指出的是，孟子將之歸於「天」，除含有對偶然事件的茫然無措之外，更多地體現的是對個體力量之渺小的慨嘆。當然，孟子始終抱有「舍我其誰」的擔當意識和情懷，因而，貶低臧氏是必然的事，這也正是他之所以一貫地寧可將自身以外的力量歸於預設層面的「天」，卻始終不願將之歸於自身以外的他人的心理原因之所在。而且，若是進一步考察之，孟子也曾明確地說，「盡其心者，知其性也。知其性，則知天矣。存其心，養其性，所以事天也。殀壽不貳，脩身以俟之，所以立命也。」〔註9〕這其中所透露出來的，赫然是對人自身力量的重視，人自身力量的成

〔註6〕《孟子·萬章上》
〔註7〕《孟子·梁惠王上》
〔註8〕《荀子·正名》
〔註9〕《孟子·盡心上》

就，成了「立命」的關鍵性內容，所以，在這個意義上，也不能將孟子所預設的「命」，過多地視爲超驗性的內容。

既然「命」更多地是偶然性的、非實體性的，那麼在「中道」之義下，它到底緣何而生？性質又如何呢？不妨從聖人傳位的過程和條件言之，一方面，孟子將之視爲人的作爲的結果，從中可見人的主體力量的重大意義；但另一方面，他又爲個人的作爲劃定了「度」，即聖人能否成就功業，在外部依託於並受制於「天」，不過，若是進一步追問「天」之作用及其本質，孟子的回答又集中於民，這樣，「天」及其作用形式——「命」，實質上便是民「命」（因民而得「命」），而「天」（「命」）僅是一個代名詞而已。因此可以說，「在孟子，民是實的，天是虛的。」〔註10〕只是因爲「天」（「命」）這一預設及其特性，更適於表達民（眾）力之難預估、不可控層面的意義，故而孟子才將它用來與民相比照，實際上它只是民力的載體和表現而已。他引《尚書・泰誓》之語，顯然也是要進一步明確「天」（「命」）與民的關係，「聽」和「視」所表徵的是接受過程，將民視爲接受過程的緣起，而最終展現爲「天」（「命」）的形態，從而也就更有力地證明了，真正地「以天下與人」的是民。質言之，孟子是將「人」與個人相聯繫，而將「天」（「命」）更多地與民（眾）相聯繫，因爲在人文之域中，相對於個人而言，民（眾）顯然是更爲重要的外在力量，它有著相對於個人的超逸性，主觀性色彩也較個人爲少，所以，視之爲「命」，在認識上也就不足爲「鮮」了，同時，這也是他的群己關係立場的一種展開。

孟子將「命」與民力相聯繫，其必然的結果，便是必須重視民心向背，所以，他進而要求君（當權者）視己爲民之父母。當然，至於「爲民父母」的問題，如果執著於父母在家庭中至高無上的地位，那麼，很容易將孟子的主張理解成是強調當權者擁有絕對的權力，這是根本違背「中道」之旨的。其實，問題並沒有這麼簡單，因爲在孟子看來，君之「爲民父母」，在一定程度上，固然意味著擁有類似於父母相對於子女的權威，然而，這樣的權威背後所挺立的，更多地是相應的道德責任和義務，也就是說，孟子是在追問父母之爲父母的德性根源究竟在何處，並以此問推向當權者，從而突出後者的權威所具有的相對性。當然，孟子並未將責任、義務過於外在化、形式化，而是採取了向內的路向，將它們內化爲人的德性要求和內容，主張在德行的層面上使它們體現出來，換言之，權威的相對化，源自德性的絕對性，而目

〔註10〕楊澤波：《孟子與中國文化》，貴陽：貴州人民出版社 2000 年版，第 66 頁。

的則在於力促當權者向善。毋寧說，孟子將君比喻為民之父母，並非意在突出前者的現實政治力，而是關注於其必須承擔的道義層面的為民「立命」，這也是孟子不斷地向當權者發出警告的原因之所在，「率其子弟，攻其父母，自有生民以來未有能濟者也。」〔註11〕如若徒有父母之名，而失卻為民父母之義，那麼，必將使民心相悖，民心相悖的最終結果，就是君之父母角色的徹底崩潰。所以，「夫人君之舉動，當以民心為心也。」〔註12〕王陽明的這一論說，是以正面的表述，切中了孟子民「命」的核心所在，即只有以民心為首義，並將之作為君之德的重要內容，才能確保君民關係向著合乎王道的方向展開。

基於民「命」，孟子認為，如果違逆民意，失卻民心，那麼必將遭受民伐（民憤而伐君），而代民執行的則往往是仁者；在這一點上，孟子再次突出了仁德者與民心的合一，而其根源則在於對德性的深度認同，否則，仁者代民伐惡也是不可能的。在《孟子・梁惠王下》中，出於維護自身的地位和利益，齊宣王對「湯放桀，武王伐紂」表示質疑，但孟子反駁道：「殘賊之人謂之『一夫』。聞誅一夫紂矣，未聞弒君也。」在路向上，他於此處區分「誅」和「弒」，顯然默認「弒君」是背德的，弒君者則相應地是不仁者，他以「誅」來否定「弒」，便成功地實現了將不仁之罪歸於被弒者的轉換〔註13〕。這與《易傳》從「智」的角度剖析「弒」是不甚一致的，「臣弒其君，子弒其父，非一朝一夕之故，其所由來者漸矣，由辨之不早辨也。」〔註14〕對「漸」的忽視，正是不智的表現，而智作為仁所必需的內在部分，它的缺失，本身也就意味著

〔註11〕《孟子・公孫丑上》

〔註12〕〔明〕王陽明：《王陽明全集》，上海：上海古籍出版社1992年版，第849頁。

〔註13〕此處可以考察一下休謨對相關問題的態度，「誅戮暴君，或者說行刺篡位者和暴虐的國王，在古代是受高度頌揚的；因為它既把人類從許多這樣的惡魔手中解放出來，又似乎可使另外那些刀劍和懲罰尚不能及的暴君保持敬畏。」（〔英〕休謨：《道德原則研究》，曹小平譯，北京：商務印書館2001年版，第33頁）一定意義上，休謨也肯定誅戮暴君及其意義，只是他更多地是從現實政治威懾層面說的，而孟子則側重於自德性層面論證其合理性。也正是兩者間視角的這一差異，決定了休謨接下來的立場，「既往的歷史和經驗使我們深信，這種做法（誅戮暴君）加劇君王們的猜忌和殘忍」（同上），明確地指出誅戮暴君所可能帶來和面臨的負面後果，相較於孟子濃厚的德性理想主義色彩，休謨顯然有見於現實政治的複雜性，因而誅戮暴君的意義便打上了一定的折扣，不再像孟子所籌劃的那樣完美。

〔註14〕《易傳・乾・文言》

德性的不健全。因此可以說，孟子和《易傳》都秉持德性首義的基本原則，對「弒」做出了相類似的評析，不拘於「爵」，不拘於「齒」，真正地是唯德是從，但是，顯然孟子的論證更爲迂迴，而意義卻也相應地更爲深刻。孟子順著「伐」（「誅」）與「弒」的核心差別來討論問題，無德之君往往踐踏民意，給民造成了極其嚴重的危害，所以，就單純的「伐」而言，正是集中體現了民的力量，也是在「中道」原則下，對君之失德的負面意義的正視。

概而言之，從民「命」的角度而言，君的地位是相對的，合理的君位更多地只是踐行其德性的機緣而已，孟子對「位」的形式化，與對其內在德性意義的突出，都體現他對「中道」之切中於道這一點的強調，其中蘊含著明顯的以德定「位」的傾向；但是，現實中正好相反，君之「位」成了權威的象徵，具有一定的本位性意味，而德性則相應地在「位」之後消隱了，「不仁而在高位，是播其惡於眾也。」〔註15〕無德者據位，實際上乃是播惡於民，而播惡於民的後果，是無庸贅言的。正是在這層意義上，如果臣能作爲代表民心的仁者，在代民伐罪這一點上是並無厚非的，相反，更多地是仁德者的仁愛精神的彰顯，因此，民伐（民憤而伐君）自否定層面突出民的重要性的同時，也相應地內含了仁民的要求。

2、「恒產」和「恒心」

民「命」和民伐都是民之力量的展現，不論是出於主動、清醒的認識，還是攝於其惡劣後果而被動地承認，重視民並進而仁民，成了孟子所主張的君民關係的重要內容。也正是基於此，他以社稷爲中介，做出了下面一番論說。

> 民爲貴，社稷次之，君爲輕。是故得乎丘民而爲天子，得乎天
> 子爲諸侯，得乎諸侯爲大夫。〔註16〕

民、社稷、君之間的這樣一種輕重關係，是孟子「中道」思想於仁政中貫徹和推行的表現。在他看來，民（更確切地說，應該是民心）是現實政治得以發揮作用的關鍵性力量，這種力量的載體則是社稷，而社稷又將這種力量相對集中於君的身上，通過這樣的解析，民、社稷、君三者的關係便一目了然，社稷因民而產生並存在，君又因社稷而成就自身，「是故得乎丘民而爲天子」

〔註15〕《孟子·離婁上》
〔註16〕《孟子·盡心上》

〔註 17〕，便是在這個層面上說的。當然，有一種解讀路向是值得重視的，即古人思想中的重民因素，往往都被與「愚民」相聯繫，「民爲貴，社稷次之，君爲輕」也難逃厄運，退一步說，如果自協調君民關係及其現實展開而言，固然不排除「愚民」的可能性，從另一側面也體現了孟子主張的理想主義色彩；但是，若果從思想自身作更深層的考察，便不難發現，孟子這句話是針對君而言的，從後面對「變置」的討論，也顯然可以看出這一點，他的重視民及仁民的要求，是以突出君的內在之德爲前提的，而並非「術」的層面的內容，故此是眞誠無妄的。民是君之力量的根本源泉，更是君之德否的重要評價機制，如果引老子的話予以佐證，那就是「聖人無常心，以百姓心爲心。」〔註 18〕孟子對君民關係的分析，意在對君作出相應的警示，力勸君以德性爲「位」之根本，促使君努力走上王道，從而建構和諧的君民關係。不過，需要注意的是，孟子並沒有過分誇大民的作用，也沒有在現實政治操作層面上將民置於君之上，不妨這樣說，依「中道」的進路，孟子對民及民力的關注，更多地並不是現實政治運行層面上的，而恰恰是道義上的，表現出濃鬱的理想性，但也正是這種道義上的關注，有可能影響到現實政治的運作和進展。

進而言之，值得注意的是，孟子「民爲貴」的立場，自身也不是絕對的，這一主張及其仁民的要求，是以民及其力的性質爲前提的。在他的視野中，民及其力的合理性和正當性，也不是無限制的，而是必須基於其合德性的，也就是說，只有當其與仁義相契合時，才是對社會及其發展有價值的。孟子對這一點也是有深刻認識的，所以，強調民之德性的重要性。但另一方面，就道德的自覺和自省而言，民又是不及聖人的，相對而言，民雖然有著善之「端」，但卻不善於擴充之，而是對基本的生存和生活需要更爲關注。正是基

〔註 17〕 不妨將孟子的立場，與 17 世紀英國著名哲學家霍布斯（Thomas Hobbes）的相關觀點作一比較。霍布斯認爲，人們出於保全自我的目的，就把本屬於自己的自然權利放棄或轉讓出來，這種過程也就是所謂的契約，「一大群人相互訂立信約、每人都對它的行爲授權，以便使它能按其認爲有利於大家的和平與共同防衛的方式運用全體的力量和手段的一個人格。」（〔英〕霍布斯：《利維坦》，北京：商務印書館 1996 版，第 132 頁）而契約的結果便是形成了國家，亦即「利維坦」（Leviathan），統治者只是國家權利的代理者。若是單純就權利的來源和走向而言，霍布斯主張由被統治者到國家（「利維坦」），再到統治者，這與孟子的進路是相類似的；但是，自其性質而言，兩者又有著不容否認的差異，孟子更多地是基於德性至上的立場，霍布斯則是以契約作爲其主線，不妨這樣說，前者是道義層面上的，而後者的理性色彩卻相當濃厚。

〔註 18〕 《老子·四十九章》

於此，孟子在主張以德教民的同時，對民之生存和生活的基本面予以了相應的承認，一定意義上，甚至將後者視爲民之成德的必需的外在條件。概言之，孟子以民心爲現實政治的力量之源，而民心又是以道德意義上的「恒心」爲其核心，但就民而言，「恒心」又離不開「恒產」，所以，他要求君關注民及其生產、生活需要，關注民心和民生的背後，所隱藏的則是仁民的要求，這是孟子的總體論證思路。其中顯然是力圖貫徹並體現「中道」精神，當然，這不僅僅是思路上，因爲道德「恒心」相應體現了實質層面的訴求。

> 無恒產而有恒心者，惟士爲能。若民，則無恒產，因無恒心。〔註19〕

> 民之爲道也，有恒產者有恒心，無恒產者無恒心。苟無恒心，放辟邪侈，無不爲已。及陷乎罪，然後從而刑之，是罔民也。焉有仁人在位罔民而可爲也？〔註20〕

單純的「恒」，固然是道德之心的一個維度的意義，正如孔子所言，「善人，吾不得而見之矣；得見有恒者，斯可矣。亡而爲有，虛而爲盈，約而爲泰，難乎有恒矣。」〔註21〕就是從操守、堅毅的意義上使用「恒」的，但孟子所主張的「恒心」，卻又比作爲德性品質的「恒」具有更豐富的內涵，它作爲道德之心，已經是與善爲一了。可以這麼說，孟子所主張的「恒心」，無疑是自道德上說的，實質上就是指仁義道德之心，也是理想的「中道」之心，而並非單純的意志力層面的堅毅之心，「所謂『恒心』，則是指能『恒其德』的道德之心。」〔註22〕蒙培元先生對「恒心」的理解，既指出它有堅毅性的一面，但更突出孟子所言之「恒心」乃是完整的道德心，顯然較切近孟子的本意。

在明確「恒心」的意義之後，隨即便可意識到的是，「恒心」與「恒產」顯然是不同的內容，在孟子看來，後者更多地是與「在外者」相聯繫的，甚至有可能阻礙前者的發展。因此，出於對人的內在道德性的首肯，孟子認爲，

〔註19〕 《孟子‧梁惠王上》
〔註20〕 《孟子‧滕文公上》
〔註21〕 《論語‧述而》。楊伯俊在解釋「有恒者」時認爲，「這個『恒』字和《孟子‧梁惠王上》的『無恒產而有恒心』的『恒』是一個意義。」（楊伯俊：《論語譯注》，北京：中華書局1980年版，第73頁）固然有見於孟子之所謂的「恒心」在「恒」的層面的意義，但是，如果將「恒心」與「恒」等同，那麼，便將孔子視野中「善人」與「恒者」之間的差異和層次性強加給了孟子，這是與孟子的心性論有較大出入的。
〔註22〕 蒙培元：《蒙培元講孟子》，北京：北京大學出版社2006年版，第71頁。

擁有道德自覺和道德意識的「士」，能夠在沒有「恒產」的前提下成就道德，也就是說，對於具有聖人之質的「士」而言，「恒產」對「恒心」的外部條件性是相對的，他們能夠以「孔顏之樂」的方式成就仁義，從中彰顯了德性的絕對性意義。換言之，正是有見於「恒產」與利之間的關聯，孟子在對感性欲求持保留態度的同時，提倡將以仁義為主要內容的「道」，置於人生奮鬥和追求的首要地位，惟有如此，方可對外在之利擁有更為合理的態度，不會因外在的得失而過多地造成人之為人的意義的崩潰，所以，他認同甚至張揚「士」的「惟義所在」式的道德進路。總之，「無恒產而有恒心，惟士為能」，突出了德性自覺對於道德心之形成的首要性，也正是基於這一點，孟子才無視「恒產」對於「士」的意義，從而力主「士」之直指「恒心」的進德路向。

與「士」所可能的直切主題式的進德路向相異的是，基於民的實際，對民之成就德性，孟子採取了「思其次」的態度和方法，一定意義上正是他對狂狷的立場的運用和展開。由孟子的論說，可以解讀出的是，民利是民之「恒心」（民之「恒心」是現實「民心」的核心組成部分）的必要前提，所以，仁民是以民利（「恒產」）為重要內容的。若是說他對「士」之「無恒產而有恒心」的認同，更多地是基於對道德涵養目標的肯認，並進而肯定人的內在價值，顯然帶有理想主義色彩，那麼，與之相對，孟子對民之「恒產」的關注，則是注意到利於一定程度上構成了仁義之德的外部條件。當然，這樣的外在基礎應該是必需之利，按照孟子的說法，就是使民「仰足以事父母，俯足以畜妻子，樂歲終身飽，凶年免於死亡。」〔註23〕亦即都是民之基本生活層面的滿足，並沒有肯定在利的問題上的「貪」，因為貪利必將導致損義，排除了民利層面的貪，那麼，由民的基本生活的滿足導向從善，相對地也就比較容易了。不過，從更深的層次考察之，對民利的重視，又並非純粹是利的層面的問題，因為如果要確保民利，那麼，掌權者就必須盡力保證民能夠免於自然的災難，同時，也要竭其所能地使民能於社會環境中守住所獲之利，很顯然，這些都滲透著掌權者的為民之心，也是進一步對掌權者提出了仁民的要求，否則，便很難達到「驅而之善，故民之從之也輕」〔註24〕的目標。

至此不妨說，對於一般之民而言，則「恒產」乃是必需的，它構成了仁民（愛民）的重要方面。但又不僅僅如此，基於現實中的「王」與行王道者

〔註23〕《孟子・梁惠王上》
〔註24〕同上。

之間質上的差異，孟子甚至認爲前者也幾乎是近於民的。他曾經問齊宣王的最大欲望是什麼，並列舉了「肥甘」「輕暖」「彩色」「聲音」「便嬖」等較近於感性欲求層面的內容，當然，與民之「恒產」有所不同的是，這些內容往往已經超出了基本生活需求，但是即便如此，孟子還是進而指出，「王之諸臣皆足以供之，而王豈爲是哉？」〔註25〕孟子於此處用了反問的語氣，顯然是爲了引導現實之「王」反省自身並趨善，但是，他卻又並未全然拒絕上述的那些近似於「恒產」的內容，一定意義上恰恰相反，孟子的言下之意乃是，正是在它們得以滿足的前提下，集權力於一身的「王」（霸）才有可能有「恒心」。當然，必須再次強調的是，孟子的關注點並不在利自身，而在於獲利出發點及其效果的德性意義，更確切地說，孟子將利所體現的倫理意義作爲拷問的焦點，以德性爲利之所向，正是在這個層次上，「與民同樂」等才更具有現實的可能性。

　　有見於「恒產」對於民之「恒心」的重要性，孟子認爲，聖人應該相應地關注民生，但是，對民生的關注是基於聖人自身的仁義的，且以導民向善爲其目標，而並非以利爲出發點和目標，即聖人重視的是合乎仁義的「恒產」。「恒產固然是恒心的前提，但給老百姓一定的產業，其目的乃是在於使他們形成穩定的道德意識（恒心）。」〔註26〕也就是說，孟子是將「恒產」視爲成就且彰顯民之仁義的必要手段和途徑，民之「無恒產，因無恒心」，也蘊涵著道德性追求的趨向。誠如《易傳》所指出的，「禁民爲非曰義」〔註27〕，仁民並不等於一味地順從，而應以德性審視民及其要求，即民之「恒產」必須指向「恒心」，並以後者作爲其合理合德的保證，即便是民利，若是不合乎仁義道德，那麼，最終也只能是捨利而取義，這一點是沒有任何疑問的。很顯然，孟子在「恒產」與「恒心」上的立場，是他的義利觀的具體落實和體現，利與義的溝通，是立足於利不背棄義的基礎上的，與義相衝突的利，本就失去了與義溝通的可能。正是因於此點，毋寧說，民之「無恒產，因無恒心」，也是以「惟義所在」爲其根本的，否則，若是單純於形式上展開「中道」，便就失去了其意義。

〔註25〕《孟子·梁惠王上》
〔註26〕楊國榮：《孟子評傳——走向內聖之境》，南寧：廣西教育出版社1994年版，第73頁。
〔註27〕《易傳·繫辭》

　　由此可見，孟子將仁民視爲王道的重要內容，也是其能夠順利實現的切實保障，正契合了「仁者，愛人」的精神，而仁民的重要內容之一，便是對民之「恒產」在一定意義上的承認，但是，「恒產」的外在條件性意義，必須在「恒心」的根本性之下。「恒產」和「恒心」的關係，是孟子有見於民之向善過程的實際，將其義利關係上的基本立場加以拓展和運用，從而主張在正視民之「恒產」的基礎上，以達到成就民之德性的目的。換言之，在仁義所需的外在條件的層面，孟子所採取的寬容態度，更多地是基於現實而做出的，這種寬容態度的總體對象是民，縱使對現實之「王」注重利的顧及和默許，那也是因爲爲了合乎民的現實性需求。「中道」理念之下，他將民之「恒產」作爲更易進於民之「恒心」的形態，一方面表明前者乃是後者的必要前提，故而不能無視之，而另一方面，又必須視後者爲前者的德性靈魂和歸宿，否則，重視前者便失去了本來的意義。

　　綜上所述，在孟子哲學思想中，民是現實政治的出發點和對象，而仁民則是王道理想的基本要素之一，故此，對其有關王道的思想進行考察，就不能不首先關注他的仁民思想。依據仁義的根本原則，且鑒於民在現實之中的巨大作用，孟子的思想染上了民「命」（與天命相對而言）的色彩，進而他對民伐也給予高度關注，並予之以一定的合理性。尤其值得注意的，是孟子對民之物質生活的關注，並相對地視之爲「恒心」的必要基礎，這是他立足於現實而得出的眞知灼見，也是他的義利關係主張的具體應用，其中當然閃爍著「中道」的影子。

第二節　君臣合德

　　不容否認的是，孔子主張「正名」，認爲「名不正，則言不順；言不順，則事不成。」〔註28〕在禮樂崩壞的大背景之下，爲了達到匡世的目標，他首先從拯救外在之「禮」開始，試圖通過如此的途徑，以實現內在的德化。要是更進一步說，那麼，孔子的「正名」，不是以「名」之自身爲指向的，「君子去仁，惡乎成名？」〔註29〕「名」必須是以德性之仁爲內容的，而「正名」則相應地是以主體德性的成就爲其所指的，亦即「克己復禮爲仁」〔註30〕。

〔註28〕《論語・子路》
〔註29〕《論語・里仁》
〔註30〕《論語・顏淵》

當然，如果拋開德性的實質，那麼，孔子對「正名」的強調，易走向對形式之「名」的過度重視，比如，他見南子就遭到了子路的質疑，雖然孔子發毒誓說：「予所否者，天厭之！天厭之！」〔註31〕他所面臨的本來就是兩難，而他選擇了首先從「名」的角度以體現自身之德，但是，又終使自己遭致無德的指責，這與孔子對「名」的定位的含混不無干係，以致在一定意義上陷入了「執名」的窘境。

1、「不要君」與「不棄君」

有關「名」的問題，在孟子哲學思想中，更多地表現爲「位」的問題，而在「中道」的精神下，問題也表現得相對複雜，但是，德性至上仍是其中的主旨。首先，他明確地否定爲了「位」而「要君」（迎合君主）的行爲，當萬章問是否有「伊尹以割烹要湯」這件事時，孟子予以斷然的否認。

> 非其義也，非其道也，祿之以天下，弗顧也；繫馬千駟，弗視
> 也。非其義也，非其道也，一介不以與人，一介不以取諸人。……
> 吾未聞枉己而正人者也，況辱己以正天下者乎？聖人之行不同也，
> 或遠，或近；或去，或不去；歸潔其身而已矣。吾聞其以堯舜之道
> 要湯，未聞以割烹也。〔註32〕

毋庸置疑，基於社會政治運作的實際，孟子也認識到，「居下位而不獲於上，民不可得而治也。」〔註33〕在一定意義上，是有見於「獲於上」對於成就聖人事業所具有的現實重要性的，因爲在他看來，聖人並非是純粹的個體德性的境界，完善的聖人人格必然包含並體現於「兼濟天下」的維度，即「將人格的完善視爲主體實現自身價值的具體體現，而成人的過程即展開於現實的人生之中。……達到理想之途徑，始終內在於現實的社會生活。」〔註34〕聖人人格的成就，離不開個體德性在具體社會境域中的展開及拓展，而自「位」的層面「獲於上」，則是「兼濟天下」的重要途徑。但是，至於「位」及其獲得，卻必須以無損於主體的德性爲限度，如若無德者得位，那顯然是爲孟子所不屑的。他之所以明確否認伊尹「割烹要湯」這一傳言，就因爲「要君」

〔註31〕《論語・雍也》
〔註32〕《孟子・萬章上》
〔註33〕《孟子・離婁上》
〔註34〕楊國榮：《善的歷程——儒家價值體系研究》，上海：上海人民出版社 2006 年
　　　　版，第 42 頁。

背後，往往是以對祿或功的追逐爲目標的，也就是說，在形式上的「愚忠」背後所隱藏的，是對非道義的內容的追逐或廝守，它必然大損君子人格，是典型的「辱己以正天下」。

那麼，稟有聖人之德者何以能與最高統治者結成君臣關係呢？孟子認爲，關鍵在於君是否合於爲君之道，亦即君是否備有仁義之德，而君是否待臣有方，則是君之德的重要方面，相反，「要君」則漠然無視君之待臣之方，在自失其德的同時，當然也陷君於不義。正若朱熹對「夫子之求之也，其諸異乎人之求之與？」〔註35〕的注解所言，「夫子未嘗求之，但其德容如是，故時君敬信，自以其政就而問之耳，非若他人必求之而後得也。聖人過化存神之妙，未易窺測，然即此而觀，則其德盛禮恭而不願乎外，亦可見矣。」〔註36〕聖人之德的外顯，是一個順其自然的過程，又何意於「要君」？君就此問之或用之，乃是君有見於其聖德，而並非聖人主動相求的結果，因此，孟子將「不要君」作爲有德之臣的人格的重要方面，同時也是良性的君臣關係的必需。質言之，「不要君」意在表明的是，君臣之間的溝通及其關係的維繫，取決於道、義上的契合，如若孔子聲言，則「所謂大臣者，以道事君，不可則止。」〔註37〕也就是說，君臣關係及其性質的決定性因素，是兩者及其關係是否以及多大程度上與德性之道相爲一，臣之「位」合宜與否，應取決於君臣雙方是否秉有德性並以德相對。

若是自因「位」而「要君」的實質而言，孟子之主張「不要君」，還是有更深層的考慮的，因爲在他看來，「要君」往往與「逢君之惡」相聯繫。如他所說，「長君之惡其罪小，逢君之惡其罪大。」〔註38〕按照朱熹的注解，「君有過不能諫，又順之者，長君之惡也。君之過未萌，而先意導之者，逢君之惡也。」〔註39〕一味地順從君，亦即一般意義上的「要君」，便等於是悖逆德性而助長其惡，悖德必然意味著致惡。不過，還有一種更爲隱性、更爲惡劣的方式，那就是「逢君之惡」，即基於「要君」的意圖，在君沒有犯錯誤之前，故意地引導他去犯錯誤。以此而言，一方面，「要君」與「君之惡」之間的關係，因「逢」而表現得更爲複雜，但也正由於這一點，因根本仁義的缺失，「要

〔註35〕《論語・學而》
〔註36〕〔宋〕朱熹：《四書章句集注》，北京：中華書局1983年版，第51頁。
〔註37〕《論語・先進》
〔註38〕《孟子・告子下》
〔註39〕〔宋〕朱熹：《四書章句集注》，北京：中華書局1983年版，第344頁。

君」者所導致的極其嚴重的後果，才被深刻地揭示出來。王陽明曾經說，「負大臣之名，盡大臣之道者也。夫大臣之所以爲大臣，正以能盡其道焉耳。……必其於事君也，經德不回，而凡所以啓君之善心者，一皆仁義之言，守正不撓，而凡所以格其君之非心者，莫非堯、舜之道，不阿意順旨，以承君之欲也；必繩愆糾繆，以引君於道也。」〔註40〕他對臣道的理解，與孟子「不要君」的要求是一致的，也是有鑒於「要君」的本質及其惡果。質言之，依孟子之見，盡臣道更多地是對臣之德的強調，是自德性的層面突出臣對自身責任的履行，臣必須首先是有德者，然後才可能是臣。

但是，不在「位」的層面「要君」，並不等於否定聖人的積極作爲。與因「位」而「要君」相對，基於「中道」的立場，孟子對「要君」作了另一番理解，即縱然是「要君」，那也只能是以德相「要」，這是「以堯舜之道要湯」的本質，如此之「要君」便是據於道義的形態。因而不妨說，正是以仁義作爲君臣關係的首義，伊尹才可能衝破狹隘的「民」或「君」的限制，以天下爲己任，從而成就了聖人人格及其功業，即他並不是以犧牲德性人格作爲「要君」的代價，因爲他並非以「位」爲其首義和目標，相反，以德「要君」是內涵人之道德及人格上的獨立性的，「位」僅是實現道德理想的輔助而已。無違於孔子主張的「天下有道則見，無道則隱。邦有道，貧且賤焉，恥也；邦無道，富且貴焉，恥也。」〔註41〕從而在君臣關係上進退有餘，這就是「以堯舜之道要湯」的應有之義。一般而言，按照德性倫理的觀點，道德（志）本身就已經含有了功，德與功因而是一致的，但是，道德性實踐的首義，卻並非其功的一面，而始終是德性自身。孟子思想的進路亦是如此，他固然基於現實，發現了兩者所存在的不一致，不過，他的處理方式則是仍將功視爲德性的副產品，但是，當功溢出了德性之閾域時，他便索性將功的內容砍掉，因爲在他看來，仁義之德是不能撼動的，它是人之爲人的根本和核心。所以，孟子雖然正視「事君」的現實品格，但是，這樣的現實品格必須是德性的，是不能與德性上的「要君」相衝突的，而一旦「事君」淪爲在「位」上「要君」，那是孟子所堅決不能容忍的。

而且，作爲保持德性主體之獨立性的必需，「不要君」若是被過於凸出，則又容易走向明哲保身的極端。基於對這一點的認識，孟子又提出了「不棄

〔註40〕〔明〕王陽明：《王陽明全集》，上海：上海古籍出版社 1992 年版，第 841 頁。
〔註41〕《論語·泰伯》

君」的要求，他是從外界對他自身的指責所作的辨析中進行展開的，從中也體現著「中道」之形式層面的恪守。《孟子・公孫丑下》中記載，蚳鼃因為孟子的言論而辭職，但齊國人在對比孟子自身的言行後，便指責他是嚴於律人、寬以待己，孟子則針鋒相對地指出：

> 有官守者，不得其職則去；有言責者，不得其言則去。我無官守，我無言責也，則吾進退，豈不綽綽然有餘裕哉？

以諫君為首務，這是任何持有仁義的人所能做到的，而且也是應該做的，這是孟子所堅持的。相對而言，蚳鼃也並非不注意官守的重要性，但是，如若官守不能為踐行其德性服務，那麼，官守也就失去了其意義，所以，蚳鼃辭職正顯示其「不要君」。齊人對孟子的指責，顯然有見於蚳鼃棄官守背後所隱約閃動的孟子的影子，但依孟子之見，齊人並沒有能夠抓住問題的關鍵，蚳鼃所面對的是官守與體現德性的「不要君」的關係，而對於像孟子那樣無官守卻又以德為上的人，這樣的矛盾往往是不存在的。孟子因無官守而「不棄君」，這種表面上的「進」，並不是以獲得官守為目標的，其背後所隱含的是深沉的道德意識，更明確地說，「不棄君」意在以德性薰陶君主，使之成為稟有理想人格的人，因此，「不棄君」是每個有德之人所負有的道義責任，一定意義上，這也構成了孟子不遺餘力地推行王道的重要動力因。當然，以具體思路和方法觀之，相對於「不要君」，「不棄君」往往因無官守之顧，所以實踐起來更為靈活，這無疑是孟子之所以能夠進退自如的重要原因，而他之所以被指責，也是源自因靈活性而生的複雜性。不妨這樣說，蚳鼃的有官守而退，體現了「不要君」，而至於無官守者，進則體現了「不棄君」，退則亦體現了「不要君」，進退據之於義，依之於「時」，力求「中道」而行，這也正是「綽綽然有餘裕」的要義之所在。

在相關問題上，孔子曾以對道之有無的不同反應，區分「智」和「愚」，「邦有道，則知；邦無道，則愚。」如前述，此「愚」實質上並非一般意義的愚，而是將大智慧寓於其中的「愚」，重生的表象的更深層所指，乃是保持個體德性的獨立，正是因為這一點，才會有「其知可及也，其愚不可及也」[註42] 的慨嘆。與孔子的觀點相似，孟子認為，由棄官守而導致的「不要君」與「不棄君」的爭論，是無視了蚳鼃的「愚」。相對而言，孟子之語僅僅是激發性因素罷了，而這種激發之所以奏效，根本還在於蚳鼃自身已經具備「愚」

〔註42〕《論語・公冶長》

之「端」，所以，在印證了成人過程中德性引導作用的同時，更突出了「其愚不可及」及其所蘊含的深意。可以更直接地說，如果自正面觀之，則「愚」即意味著，對於諫而不從之君，臣「固將見機而作，以全其守，雖終日有弗能也。是則以道事君，則能不枉其道，不可則止，則能不辱其身。」〔註43〕因為相對於官守上的「不棄君」，德性上的「不棄君」更具有實質性，即內在於個體的德性，是臣之為臣的根本，臣的身份可以拋棄，但是，內在之德卻是不容稍忽的，因此，「不棄君」的靈活性與相對性，所依據的又正是德性的絕對性。

照孟子的立場，「不要君」和「不棄君」都必須依據仁義之旨，兩者貌似不可兩立，實質上是德性在不同境遇中的具體展開，而怎麼樣在兩者的互動中遵守「中道」之義，則是需要極大智慧的。以「不要君」作為道德底線，那麼，官守等「在外者」是次要的，無官守者也可以「不棄君」；以「不棄君」作為德性現實化的必需，那麼，不論是否有官守，又都得能夠做到「不要君」。不論是「不要君」，還是「不棄君」，應時而發以合宜，是孟子所追求的，而這一追求的根本，則是對仁義之德的信持，即必須突出「中道」的切中於「道」之維。

2、「不召之臣」和「友其德」的意義

「不要君」與「不棄君」是自臣（或民）對君的態度和立場而言的，在突出臣於君臣關係中保持自身人格獨立性的同時，也主張臣需要自德性層面盡為臣之義。但另一方面，君作為臣之「不要」與「不棄」的對象，也是君臣關係所不可缺少的，在孟子看來，君也應該是仁德的代表，這是維繫合理、完善的君臣關係的基本前提，至於君對臣的態度，孟子立場的集中體現便是，在認清「爵」（位）之本質的基礎上，透視「不召之臣」積極意義。

關於君臣之禮，《論語‧鄉黨》有云：「君命召，不俟駕行矣。」強調君臣之禮的絕對性的一面，更多地關注自君的角度考量臣之敬，否則，「俟駕」或不行，便意味著不恭，即有不盡君臣之義之嫌，這也是孔子之所以見南子的重要理論依據。但是，在不悖於君臣之義的同時，對如何應對「君命召」，孟子卻有基於「中道」精神的理解。

〔註43〕〔明〕王陽明：《王陽明全集》，上海：上海古籍出版社 1992 年版，第 842 頁。

天下有達尊三：爵一，齒一，德一。朝廷莫如爵，鄉黨莫如齒，輔世長民莫如德。惡得有其一以慢其二哉？故將大有爲之君，必有所不召之臣；欲有謀焉，則就之。其尊德樂道，不如是，不足與有爲也。〔註44〕

有一點應該是可以肯定的，即臣之「不俟駕」必須是發自誠心、應自誠心的，以合乎道爲根本準則，否則便不是仁義之舉。在這一肯認下，孟子更多地將目光置於「君命召」上，因爲君之德否及「君命」的性質，在總體上構成了臣是否行之於「時」、是否合於仁義的重要根據。

出於對現實的觀照，孟子將德性、尊長和權爵置於對等或平行的系統中，認爲三者各自有其自主性與運作邏輯，任何一者都是社會發展所不可偏廢的，他甚至還對法、刑等的必要性予以正視，這是他在深入考察社會運作的基礎上，得出的較爲全面的結論；也就是說，德性、尊長與權爵三者是現實政治中必須關注的三個因素，就此而言，孟子並沒有以德性、尊長否認權爵，相反，他基於「中道」，批判僅僅執於權爵而卻不顧其它二者的傾向，力圖使德性、尊長和權爵三者共同構成一個互動且相互制約的系統。固然孟子突出德性及其意義，因而沒有將關注點過多地落實於權爵上，但卻並不能因此而得出他全然否定權爵的結論，「古之人未嘗不欲仕也，又惡不由其道。」〔註45〕他之強調仁德，顯然是基於對無道現實的反思而做出的糾偏之舉，其實，孟子只是不得於現實中行其道，才退而與萬章之徒成《孟子》，另一方面，其葬母所以能厚於葬父，一定意義上也是因其爵。不妨這樣說，孟子所籌劃的仁政，有著唯道德主義的傾向，而且，一定意義上還是相當濃鬱的，但是，當將他對道德的強調，與對道德之外的因素的關注聯繫起來考察時，便會發現，孟子所持的並非是純粹的唯道德主義，他的道德理想，或多或少又是力圖融現實諸多因素於其中的。

當然，毋庸置疑的是，在孟子的主張中，君主也必須意識到，權爵的意義是相對的，它並不是以自身爲目標，而更多地是指向德性及其現實化的。若果更深入地考察，那麼便可發現，孟子有將德性視爲理想之權爵的核心因素的意味，純之又純的權爵的價值，是爲他所否定的。依照其一貫理路，孟子反對由於貧窮而去做官，顯然是注意到它背後所隱含的功利趨向，但他卻

〔註44〕《孟子·公孫丑下》
〔註45〕《孟子·滕文公下》

又不絕對否認因貧窮而去爭取爵（位），因爲這是出於維持生命和基本生活的需要；不過，爲防止有超出基本需要之外的追求，孟子又將因貧而所做的官，嚴格限制在「抱關擊柝」〔註46〕之類的小事上，否則，便有唯權爵是圖的嫌疑，是違背根本之道的。《易傳》曰：「君子以儉德辟難，不可榮以祿。」〔註47〕反對以爵祿代替德性作爲評判榮辱的標準，所體現的顯然是德性倫理的路向，與孟子在權爵上的立場是相吻合的，也貫徹和體現了儒家的義利觀。因爲爵（位）更多地意味著權責，而如果缺失了德性的基礎，那麼即使是君主，權責是難以確保自身方向的合理性的，而且一定意義上也難以得到切實履行，所以，「德薄而位尊」〔註48〕是很容易導致凶或惡的。

進一步論之，據孟子之見，在意識到爵的相對意義的同時，更重要的是深切地認識權爵的德性本旨。

> 以位，則子，君也；我，臣也；何敢與君友也？以德，則子事我者也，奚可以與我友？

> 不挾長，不挾貴，不挾兄弟而友。友也者，友其德也，不可以有挾也。〔註49〕

若是自爵（位）觀之，君、臣各秉其義，「欲爲君，盡君道；欲爲臣，盡臣道。二者皆法堯舜而已矣。不以舜之所以事堯事君，不敬其君者也」〔註50〕因此，所不能否認的是，「敬其君」是君臣之義的必然要求，也是臣道的內在構成要素。但是，這樣的結論僅僅是因爵（位）而得出的，而在孟子看來，「敬其君」是有條件和限制的，它必須以君主之內在聖德爲根本前提；更確切地說，所「敬」的並非有位之君，而是有德之君，若是爵與德相對應、相統一，便以「敬」爵（位）的形式展露出來，但「敬」的實質乃是對君之德的敬仰，是對仁義的自覺體認和自願依持，可見，其中的核心是要切中於「道」（「中道」）。

孟子將君臣之義與「友其德」，視爲是並不矛盾的兩者，而其中所需貫通的關節，則是合理認識爵（位）和德，只有在兩者間做出適當界分的基礎上，

〔註46〕《孟子·萬章下》：「仕非爲貧也，而有時乎爲貧；娶妻非爲養也，而有時乎爲養。爲貧者，辭尊居卑，辭富居貧。辭尊居卑，辭富居貧，惡乎宜乎？抱關擊柝。」
〔註47〕《易傳·否·象》
〔註48〕《易傳·繫辭》
〔註49〕《孟子·萬章下》
〔註50〕《孟子·離婁上》

才能進而將它們統一起來，也才能既不因「要」於「位」而喪德，同時又不以德傲君，顯然是主張在「中道」原則下處理問題。一般而言，「友」是基於主體間的對等或平等而形成的相互關係，但自孟子的理路審視之，這種關係並不是世俗爵（位）層面上的，而是德性意義上的平等。如前述，在孟子看來，爵（位）須是基於仁義的，因此，道德上的平等，便給爵（位）之不平等蒙上了一層相對色彩，也正是在這個意義上，「不召之臣」才爲孟子所認可。從表面上看，「不召之臣」便意味著不仁不義，但是，孟子卻認爲是合情理的，而且，一定意義上還是成就王道所必需的，其核心則在於臣之有德；孟子甚至大聲疾呼君以臣下爲學，所學者非他也，是以仁義爲根本的德性，唯有這樣，才能使君之德與其位相符，也正是因爲此，「正君」（匡正君之德）或「不要君」才更有價值，亦即所謂的「唯大人爲能格君心之非」〔註51〕。基於對「不召之臣」在德性層面的理解，孟子說，「說大人，則藐之，勿視其巍巍然。」〔註52〕其實，藐視的對象並不簡單地是「大人」，而是以位顯「大」的人，若是秉德之大人，那麼，毫無疑問是巍巍然的，因爲他正是孟子所力主的理想之大人，是值得敬仰的對象。

不妨再看看孟子下面的一段話：

> 古之賢王好善而忘勢；古之賢士何獨不然？樂其道而忘人之勢，故王公不致敬盡禮，則不得亟見之。見且由不得亟，而況得而臣之乎？〔註53〕

顯然，此處他也是託理想於古人身上，指出賢王和賢士都是以由「道」而「好善」爲首務，相對而言，以爵（位）爲重要內容的「勢」則是次要的。概言之，德性是賢者的核心價值所在，因此，在從道與依勢兩者中，是前者構成了君臣之義的實質內涵。這也是周武王之初說「予有亂臣十人，同心同德」〔註54〕的眞義所在，「亂臣」實爲治臣也，與「不召之臣」相類似，其外在之「亂」所內涵的，則是道德上的堅韌性和獨立性，也就是說，若是將德性融貫於現實中，便易在純粹的爵（位）的層面上呈現出亂狀，而實際上此「亂」正乃是合德之序。當然，孟子之所以持如此立場，也是力圖以仁政勸導君，要求

〔註51〕《孟子·離婁上》
〔註52〕《孟子·盡心下》
〔註53〕《孟子·盡心上》
〔註54〕《尚書·泰誓》

君必須珍惜並禮遇有德之臣下，在君與賢者之間，賢者「忘人之勢」是以君對其自身之「勢」的忘爲前提的，而賢者德性現實化的成敗，在相當程度上是以對君的影響及其結果爲重要內容和標誌的。依朱熹之見，「君當屈己以下賢，士不枉道而求利。二者勢若相反，而實則相成，蓋亦各盡其道而已矣。」〔註 55〕強調君臣之道有其各自所宜，而根本上卻又必須合於道德之本，與孟子在「不召之臣」和「友其德」上的立場，是並無二致的。質言之，孟子堅持以「中道」爲宏旨，在以仁義道德爲核心的同時，結合爵（位）等內容進行展開，而理想之君的特質，則在於其內在的德性內容，也正是在這個層面上，「不召之臣」和「友其德」方具有其積極意義。

綜上所述，對於君臣關係的處理，孟子首先也肯定「君君臣臣」之分的重要性，但是在「中道」的基本精神下，這樣的分殊已經不再過多地關注於「名」（或「位」）的層面，相反，由於他對德性的凸出，使得君臣之間更多地帶有了以德定「位」的傾向。毫無疑問，君臣之分在「位」的界限上的模糊，必然導致君臣關係的相對化，而自其內在的德性秉持而言，這樣的相對化卻又自更深層的意義上，體現了道德的至上性和絕對性，這正是「不召之臣」和「友其德」中所蘊涵的意義。當然，孟子以德定「位」的傾向，更多地是其王道理想中所透露出來的，集中表現爲道義上的籲求，而面對著其時現實政治環境，這一籲求的「迂遠」之處，也是不點自明的。

第三節　尊王賤霸

至於「霸」，《論語》中僅一見，而且是作爲動詞使用的。子貢據「桓公殺公子糾，不能死，又相之」，便有將管仲界定爲不仁者的傾向，但是，孔子給予的回應是，「管仲相桓公，霸諸侯，一匡天下，民到于今受其賜。微管仲，吾其被髮左衽矣。」〔註 56〕不難發現，如此的回應與子貢所關注的，幾乎不是同一個問題。因爲若是接著子貢所問，得出的答案應該是「管仲而知禮，孰不知禮？」〔註 57〕而且，沿著孔子所主張的「非禮勿視，非禮勿聽，非禮勿言，非禮勿動」〔註 58〕的思路，也可得出與子貢同樣的結論，即管仲不能

〔註 55〕〔宋〕朱熹：《四書章句集注》，北京：中華書局 1983 年版，第 351 頁。
〔註 56〕《論語·憲問》
〔註 57〕《論語·八佾》
〔註 58〕《論語·顏淵》

算是仁者。但另一方面，孔子的答非所問式的回應，卻又是極具深意的，他在正視「霸諸侯」的前提之下，挖掘管仲之行對於民之存在和延續的積極意義，「桓公九合諸侯，不以兵車，管仲之力也。如其仁，如其仁。」〔註59〕因此可以說，孔子原則上斷定霸道是違仁的，從而自側面肯定了聖人及其價值，但是，對於霸在某些方面的相對意義，他也予以了承認，這顯然是仁道原則與現實相交融的視野。

1、王霸互異

相比於孔子，孟子較多地採取了將王與霸對舉的方式，力圖通過鮮明的對比，從中揭示兩者的本質及其關係。首先，孟子自德力二分的角度，對王和霸作了分殊，顯然是力圖將兩者劃作兩「端」：

> 以力假仁者霸，霸必有大國；以德行仁者王，王不待大。……
> 以力服人者，非心服也，力不贍也；以德服人者，中心悅而誠服也，
> 如七十子之服孔子也。〔註60〕

可見，霸僅僅著重於力及其推行，無視仁義在現實政治中的基礎性作用，僅僅是將之當作施展強力的手段而已，甚至故意悖逆道德及其準則，與此相聯繫，人自身的價值也因而被從根本上抹殺了，人及人的發展也不再是現實政治的目標。就此而言，行霸之道只能做到以力服人，而以力服人的必要前提，則是對象的「力不贍也」，否則，與以力服人相伴生的便是爭奪，如果按照孟子的描述，往往是「爭地以戰，殺人盈野；爭城以戰，殺人盈城，此所謂率土地而食人肉，罪不容於死。」〔註61〕霸及霸道的最終結果，是因爭奪而導致人之生命的隕沒，根本上違背了人性的本質，所以，孟子不斷地聲討「霸」，顯然也是有其現實依據的。

與霸相對的是王，在孟子看來，作爲王道主體的王，以德性爲其內在根本和特質，並進而將仁義推行和實現於社會的發展之中。在前述君民關係、君臣關係的有關分析中，就君的方面而言，便一再突出孟子對君（王）內在德性的強調，也就是說，要是自倫理的角度觀之，那麼，王與聖人的內在精神實質應該是同一的，不能首先在主體人格上成爲聖人，便不會進而成爲王。

〔註59〕《論語・憲問》
〔註60〕《孟子・公孫丑上》
〔註61〕《孟子・離婁上》

不妨看一下七十子究竟是怎樣拜服於孔子的，若果用顏淵的慨嘆，便是「仰之彌高，鑽之彌堅；瞻之在前，忽焉在後。」〔註 62〕憑內在之德以行仁的王道，更多地是靠道德的潛移默化，激起德性上的共鳴，即「中心悅而誠服」，進而通過如沐春風式的仁政，促進社會和人的發展，沒有了刀光劍影的強力色彩，也沒有了生靈塗炭的血腥場面，顯然，與以力服人的霸道之間有著根本性的差異。可以這樣說，孟子理想中的王，如果以德性作為參照坐標，那麼，王根本上就是聖人，即王首先必須是內聖意義上的，若是從其功業觀之，王則是聖人在社會發展中的表現形態，它擁有了更為豐富的具體性和複雜性。相比於荀子視野中的王，孟子更加突出王的內在德性根據，重視內聖相對於外王的本體性和前提性。不過，在「中道」視野中，王的內聖之意還不是其全部，「以德行仁者」才能是整全意義上的王，王必須於社會的現實中踐行仁義，進而形成王的功業。至於如何由內聖之王發展到外在的仁義之王，孟子更多地是依其德性至上的路向，認為內聖自身就具有了外王的必然要求，內在聖德的鑄就定能確保外王的成功。孟子在王道問題上這一進路，是直接以前提為結果，而這種邏輯上的跳躍，在忽視現實複雜性的背後，所蘊含的則是他的道德理想主義。

出於對王之外在功業的重視，王道也需要有一定的現實條件做基礎，這是孟子所並未否定的，體現了他將王與現實相接洽的努力。固然他強調「王不待大」，但這只是相對於霸道所得出的結論，因為如果一味「待大」，那麼，很容易趨向於無節制的苛求，最終走向霸道。依孟子之見，文王僅憑百里之地而王，是比較困難的，小國「茍為善，後世子孫必有王者矣。」〔註 63〕更多地是出於仁義道德的信念，故而將小國因從善而行王道視為必然的過程，理想性色彩甚為明顯的同時，也自反面默認了大國對於王道的重要性。「今時則易然也：夏后、殷、周之盛，地未有過千里者也，而齊有其地矣；雞鳴狗吠相聞，而達乎四境，而齊有其民矣。地不改辟矣，民不改聚矣，行仁政而王，莫之能禦也。」〔註 64〕地廣和民眾（人口多），對於施行王道具有鮮明的現實意義，這些都成了他勸說齊王踐行仁政的重要依據，因為當時的歷史條件下，擁有這些優勢的齊國更易走上王道。然而，地廣和民眾對於王道的意

〔註 62〕 《論語·子罕》
〔註 63〕 《孟子·梁惠王下》
〔註 64〕 《孟子·公孫丑上》

義又並非是絕對的，之所以「以齊王，由反手也」，更深層次的原因，則在於「王者之不作，未有疏於此時者也；民之憔悴於虐政，未有甚於此時者也。」〔註65〕有德之王才是民之所望，而並非大國自身。就大國而言，「時」（地廣和民眾）所蘊含的潛力能否轉化爲切實的力量，必須以息攻伐之業、消弭君主之霸志爲其必然前提，即土地、人口等的積極意義，只有融入仁政和王道之中，方能得以凸顯。概言之，誠如第二章中相關內容所述，「中道」固然與地、時等廣義的「時」相聯繫，而更爲根本的卻是內在德性的秉持，在王道的層面上，最深層的基礎就是有德之聖人的鑄就，與人君之德相比較，其他層面內容的作用和影響，則又相對地黯淡了。

亦即是說，不管孟子怎樣正視實現王道所必需的外在因素，但是，內在德性畢竟是王的本質，這也決定了王與霸在性質上的差異的絕對性。

> 惟仁者爲能以大事小……。惟智者爲能以小事大……。以大事
> 小者，樂天者也；以小事大者，畏天者也。樂天者保天下，畏天者
> 保其國。〔註66〕

力行王道的君主，能夠以天下爲己任，不受自身力量大小的影響，從而達到遊刃有餘的境地，這跟他在內聖與外王關係上的進路相一致。但現實中的霸者，則習慣於恃強淩弱，而弱者往往又以小侮大，都缺乏以天下爲己任的情懷，本質上是沒有能達到仁智合一，或者根本就沒有仁、智可言。當然，鑒於分崩離析的現實，孟子也將統一作爲王道的重要目標，不過，與霸者憑藉強力以追求形式上的統一不同，他以行王道爲統一的前提和必然途徑，明確地指出：「不嗜殺人者能一之」〔註67〕。以「不嗜殺人」（不爲不該爲）作爲王及王道的重要特徵，是基於對現實中的霸及其後果的反省，也自基本的方面爲王道指明路向，使得作爲德性之載體的王，具有了一定的現實品格，因爲只有「不嗜殺人」，才能使民心向背，而民力則是王道的基本現實因素；更進一步說，「不嗜殺人」是人性的自然流露，蘊含著對生命的尊重，更是德性的基本要求和體現，是王道實踐展開的必要基礎。因此，以是否「不嗜殺人」，作爲能否實現一統的前提，突出了王與霸的異質性，「不仁而得國者，有之矣；不仁而得天下者，未之有也。」〔註68〕只有胸懷仁德的王，才能在天下的層

〔註65〕《孟子·公孫丑上》
〔註66〕《孟子·梁惠王下》
〔註67〕《孟子·梁惠王上》
〔註68〕《孟子·盡心下》

次上實現一統，毋庸置疑，相對於不仁者那局部的、形式的一統，顯然前者更具完美性，而這種完美性是植根於仁義的。

孟子所追求的「一」的目標，更多地指向以德王天下，自「中道」精神下的王霸關係言，就是以內聖之王勝外力之霸。在位者無德或有德者無位，這是其時不爭的事實，現實之「王」實即多爲霸，與仁德之王（即有德而在位者）是有質的層面的差異的，孟子雖然沒有像柏拉圖那樣提出「哲學家王」的概念，而他所主張的王，首先必須是個德性概念，這是無可爭議的。因而值得注意的是，他基於現實並針對現實之弊，確定王道的理想，縱使這樣的「藥方」因其理想性而被認爲是「迂闊」，但相較於那些面對現實卻又束手無策，並最終選擇安於現實的當權者，或者那些陷入避世圈圈的人，孟子據於現實而籌劃理想，顯然比簡單地以現實爲理想更爲合理、進步，也比將理想置於彼岸更爲積極。誠如韋政通先生所指出的，「道德和現實人生的關係，不即也不離，不離說明它的內在性，不即說明它的超越性。惟因其內在，使道德實踐成爲可能；惟因其超越，使人有道德的嚮往。所以道德都具有某種程度的理想性。」〔註 69〕這對於理解「中道」視閾中霸與王的關係是有啓發意義的，作爲道德理想形態的王道，與更多地作爲現實形態的霸道之間，也是一種不離不即的關係：王道理想是基於現實的霸道而籌劃出的對治之方，即現實之霸是王道籌劃的基本立足點，孟子始終沒有撇開這一點去推行王道；但是，王道作爲一種理想的道德籌劃，又必須與霸道保持相應的距離，如黃宗羲在《孟子師說》中所言：「王霸之分，不在事功而在心術：事功本之心術者，所謂『由仁義行』，王道也；只從迹上模仿，雖件件是王者之事，所謂『行仁義』者，霸也。」〔註 70〕從道德的層面考察之，王道必然是不同於且高於霸道的，而霸道正是王道的改造對象，並且以王道作爲理想的訴求。

概言之，相比於秉有濃厚道德韻味的王及王道，霸及其所行之霸道顯然是反面的參照，也正是在強烈反差之下，兩者於德性層面上的不同突顯了出來，並且有被孟子絕對化的傾向。因此，單純就其性質而言，無論從現實立場出發，更多地關注於霸之「以力假仁」的本質及其負面效應，還是從理想的籌劃出發，聚焦於王的德性之旨及其意義，甚或，將霸和王一併置於現實

〔註 69〕 韋政通：《中國思想史》（上），上海：上海書店出版社 2003 年版，第 179 頁。
〔註 70〕 〔清〕黃宗羲：《孟子師說》，《黃宗羲全集》（第一冊），杭州：浙江古籍出版社 1985 年版，第 51 頁。

和理想的比較視野中，這些無疑都強調與凸出了兩者間的差異性，兩者是性質迥異的兩「端」，都無一例外地構成了尊王賤霸的必要內容。

2、霸向王的上達

王與霸的差異是非常明確的，一定意義上甚至是絕對的，兩者在價值天平上的輕重也是顯而易見的，因此，孟子所主張的仁政，乃以具有仁德的王為根本前提和實踐主體，以王道作為實踐徑路和目標指向。但是，德性理想的生命力，更多源自於其實踐品格，「中道」之旨下的王道也不能例外，為了避免使王道淪為純粹的理想形態，孟子也必須從現實當中尋覓基點，從而使王道的展開能夠深植於現實；而他所覓獲的這一現實基點，便是與王具有內在差異的霸，他正是力圖通過在德性層面上改造現實中的霸，引導和促使後者走上王道，並於真正意義上實現王道理想，這也是尊王賤霸的更深刻、更現實的價值所在。

霸作為一種現實存在的形態，孟子是予以正視的。對於齊宣王和梁惠王等人所自認的好利、好樂、好戰等品性，孟子做出了詳盡的分析，意在使他們在分清霸與王之差異的同時，鼓勵他們脫離霸道而歸於王道，而且後者才是更為根本的。若是自深層次考察，在他那裡，霸與霸道還是有著一定差異的，作為現存形態的霸，無疑是與霸道相伴生的，但不容否認的是，孟子更多地將反思和批判集中於霸道之上，《孟子》文本中大量的有關批判霸道的敘述也可以印證這一點。依他之見，以行霸道為目的，就背離了仁義之旨，無異於緣木求魚，而且更為嚴重的是，「緣木求魚，雖不得魚，無後災。」但若是行霸道，「盡心力而為之，後必有災。」〔註71〕相對於作為結果的霸，霸道更具本體意義，也更具有現實危害性，而且，從人格塑造的層面而言，霸道是霸之所以為霸的必要途徑和體現，正如明人蔡清所言，「行霸道而霸，行王道而王也。」〔註72〕霸道在本質上是惡的，它是沒有「中道」的，必須被徹底摒棄。質言之，在作為相應的載體方面，霸和王是相似的，即霸是作為霸道的載體而出現的，霸道是作為特性內化於霸的，並且進而展現於霸的行止中；作為霸之內在特徵的霸道，在本質上是與王道相迥異的，從現實層面而言，正視現實中霸的特性並改造之，自根本上消除霸道，是塑造王並成就王道的必需。

〔註71〕《孟子‧梁惠王上》
〔註72〕〔明〕蔡清：《四書蒙引》（卷十），文淵閣四庫全書本。

　　如果說摒除霸道是從負的方面為霸向王的上達提供了可能性思路，那麼，孟子主張通過擴充善「端」而上達於聖境，便是自正的方面佐證霸與王溝通的可能性。孟子主張人性善，認為人人都有善「端」，人人都可以通過擴充之而達到善，誠若王陽明所云，「人性之善，天下無不可化之人也。」〔註73〕「但能一旦脫然洗滌舊染，雖昔為寇盜，今日不害為君子矣。」〔註74〕霸者既是人，則便有善「端」，既有善「端」，怎麼可以斷絕霸者之從善的可能呢？若以孟子之深見，霸者之所以沒有從善，「是不為也，非不能也。」〔註75〕之所以現實中的諸「王」沒有踐行王道，並非由於他們不能，而是不積極地作為，實際上是能夠從王道的，不可以因為霸及其惡的性質，就斷然否認其從王道的可能性。因此，楊澤波先生也認為，「在孟子看來，成為仁者並不難，因為當時的國君都有成為仁者的潛質潛能。」〔註76〕就霸與王能否溝通而言，顯然切中了孟子的原旨。秉持「中道」的理想，孟子在力主性善這個根本的前提下，對霸向王的轉化，還是抱有樂觀心態的，即是說，霸的現實性並不拒斥它向王上達的可能性，正如他所堅持的，性善必須經由現實化才能成就並彰顯其意義，對霸的德性改造，是與其性善上的立場相契合的。當然，從歷史效果而言，霸向王的轉變更多地是以失敗而收場的，正表明尊王賤霸是缺乏必要的現實條件的，但是，卻不能因而得出孟子否認霸向王轉化之可能性的結論，否則，便是有違孟子的哲學精神的。

　　基於霸與王溝通的可能性，孟子進一步指出，相對於堯舜、湯武，「五霸，假之也。久假而不歸，惡知其非有也？」〔註77〕對於這句話，趙岐注云：「五霸若能久假仁義，譬如假物久而不歸，安知其不真有也？」〔註78〕焦循亦曰：「五霸借仁義之名，旋復不仁不義，不能久也。假而能久，仁亦及人，究殊乎不能假而甘為不仁者也。」〔註79〕都是將「假」仁作為由霸通向王的重要途徑，由假借仁義到最終占而有之，源於假借者經過假借的過程，消弭霸所有的霸道特性，從而達到自內心悅而誠服，而誠心於仁義者，自然皆可「由

〔註73〕〔明〕王陽明：《王陽明全集》，上海：上海古籍出版社1992年版，第894頁。
〔註74〕同上，第975頁。
〔註75〕《孟子·梁惠王上》
〔註76〕楊澤波：《孟子評傳》，南京：南京大學出版社1998年版，第148頁。
〔註77〕《孟子·盡心上》
〔註78〕〔漢〕趙岐注、〔宋〕孫奭疏：《孟子注疏》，《十三經注疏》，北京：北京大學出版社1999年版，第368頁。
〔註79〕〔清〕焦循：《孟子正義》，北京：中華書局1987年版，第924頁。

仁義行」。亦如《中庸》曰：「或生而知之，或學而知之，或困而知之，及其知之，一也。或安而行之，或利而行之，或勉強而行之，及其成功，一也。」〔註80〕霸之由「假」仁而走向王道，從具體過程和環節而言，固然異於一貫的王道，但是，自其所達到的結果或境界而言，則是與後者沒有差異的。而且如前所言，以孟子看來，在其時的歷史條件之下，對於那些更多地以霸的形態展現出來的統治者，這也是一條較爲切實的王道路向，因爲孟子所主張的仁德之王並不是現成的形態，所以，王道所依託的載體，從其原初的現實來看，好像也正是當時的霸。

當然，毋庸否認的是，由「假」仁而王，對主體自身的要求也是非常高的，因爲它實際上是以內在的德性自覺與自省爲前提的，而這在霸身上卻又是很難兌現的。有鑒於此，他更加注重道德教化對改造霸所具有的作用，「孟子在分析主體道德生活中所遇到的身心分離、善惡衝突時，只是從激勵主體主動爲善的角度來解決這一難題，相對於康德對惡的正面分析，也許可以稱之爲『負的方法』（馮友蘭語）。」〔註81〕此分析突出了道德引導與激勵對於成德的意義，在孟子看來，這是確保霸能夠實現道德自覺與自省的必要因素，即使霸者自暴自棄，但是通過聖人教化，也仍然可以從善，孟子一生所孜孜以從事的，實際上也就是使霸者改向王道。而且，不難看出來的是，在孟子與齊宣王、梁惠王等人的多次對話中，可見後者也時常流露出明顯的悔意，而在孟子看來，霸者之有悔，這既印證了霸之向善的可能性，同時，也正是霸之向善的第一步，亦若王陽明之言，「悔者，善之端也，誠之復也。」〔註82〕通過道德教化，促使霸的內心自省，從而引導其向善，並達到使之趨向王道的目的。也正是對道德教化在王霸溝通中作用的堅信，構成了孟子「舍我其誰」的情懷和意識的必要前提，若是缺失了道德教化及其功的「承諾」，那麼，他自身的行爲，便會首先因沒有必需的基礎和動力而缺乏意義。縱然，孟子所力推的王道的宏願，並沒有能夠在他所處的時代獲得成功，其言行也因而被認爲是「迂遠而闊於事情」，但是，如若就孟子在尊王賤霸上的理論路向進行考察，那麼，還是可以爲孟子的言行找到合理性的依據的。

〔註80〕《中庸・第二十章》
〔註81〕戴兆國：《心性與德性——孟子倫理思想的現代闡釋》，合肥：安徽人民出版社2005年版，第106頁。
〔註82〕〔明〕王陽明：《王陽明全集》，上海：上海古籍出版社1992年版，第909頁。

　　在霸與王的關係問題上，孟子也力圖秉持「中道」基本精神。從性質而言，更確切地說，是從德性的層面而言，霸及霸道都是無德的，這在根本上是與王及王道相左的，因此，黜霸是尊王所必需的；換句話說，在孟子所認爲的王霸關係中，王及王道是整個問題的核心和關鍵，是他所力主的仁政的保障和目標所在。但是，基於現實及其理論的一貫路向，孟子並未否認霸的相對功業及其價值，他認爲霸是能夠上達於王的，也就是說，主觀向善的霸是能夠在實踐中力行王道的，當然，此樣的霸也無疑就成了有德之王。不過，霸向王的提升，是以前者內在道德的覺悟爲前提的，而依孟子所見，德性教化則是激發道德自覺的最佳手段和途徑。質言之，王霸關係上恪守「中道」，孟子突出仁德之王的基礎意義和目標價值，然而，這一道德理想又是植根於霸道橫行的現實的，所以，他將霸作爲現實立足點，力圖通過改造霸以塑造王，並進而實現王道。最後，必須指出的是，在尊王賤霸問題上，孟子理論的理想性色彩還是值得注意的，過於強調善「端」及道德教化的重要性，構成了他的理論向現實展開所無法跨過一道檻，理想與現實的糾纏在無形中又終歸於理想，因此，現實的意義又相對削弱了。

第六章 「中道」的德性依據和標準

　　仁義作為孟子哲學的德性之本，是「中道」在德性層面上的核心內容，也是後者必須恪守的道德基則，這是在前述內容中一再指出的。照孟子之見，一方面，仁和義源自於天道，是後者在人身上的落實，相應地具有超越性的意味，但是，另一方面，它們又是在人的道德實踐中實現並彰顯自身及其價值的，在一定意義上，又是生成性的內容。不妨這樣說，仁和義是「中道」的德性支點，自其道德實質而言，「中道」與仁義是二而一的關係。至於天人之際的互動與協調，則是孟子德性思想所本有的意義，也是「中道」所秉持的首要原則和終極目標。不容否認的是，孟子視野中的「天」有價值之源的色彩，甚至連人也不能被排除於外；人，則是價值構成及其實現的核心要素，也正是因為此，才故而成就了天的形態的多樣性。天人合一是孟子哲學的總旨，天與人之間的互動蘊含並體現著「中道」，同時，更是後者進一步展開的本體論前提和判斷準則。

第一節　仁和義

　　將仁和義相並舉，是孟子哲學的特色之一。作為心性論的基本概念，仁、義皆是德性和德行的範疇，是「中道」的道德本旨；亦即是說，在道德層面，「中道」必須以契合仁義為其所歸，因此，對仁義及其性質做出集中而詳盡的剖析，這也是更全面、深入地理解「中道」所必需的。

1、「仁義內在」

若是自其性質而言，同爲「四端」之構成性要素的仁、義，與禮、智有著相似之處，在作爲整體形態存在的性善理論中，仁、義、禮、智四者是不能缺其一的。但是，仁、義卻是「四端」之中更爲根本的，而禮、智則是仁、義的重要品質和展開途徑，可以如是說，相對於仁、義，禮、智更多地具有具象層面的意義。就此而言，孟子的立場與孔子是有承續關係的，「克己復禮爲仁」指出了內在反省與外在踐禮的統一，禮是仁的表現和切實保障，孟子對禮之相對性的關注，及其納禮於「權」的傾向，也都從側面突出了仁、義的根本性，而「智」在心性論中的地位，是與「禮」相齊平的。當然，孔子也強調了仁的內在性，「爲仁由己，而由人乎哉？」〔註１〕仁的展開是主體自身努力的結果，注意到了德性的成就離不開道德主體，這一主張在孟子那裡也得到了更鮮明的體現。在相當意義上，孟子對德性的主張，又較多地著力於追尋仁義的深層基礎，也正是這一轉向，鑄就了其典型的性善論。

> 無惻隱之心，非人也；無羞惡之心，非人也……惻隱之心，仁
> 之端也；羞惡之心，義之端也……人之有是四端也，猶其有四體也。
> 〔註２〕

> 惻隱之心，人皆有之；羞惡之心，人皆有之……惻隱之心，仁
> 也；羞惡之心，義也……仁義禮智，非由外鑠我也，我固有之也，
> 弗思耳矣。〔註３〕

於此必須重申的是，分別作爲仁、義之「端」的惻隱之心和羞惡之心，從其存在形態而言，也仍屬於「情」的範疇，即是道德情感，而且在孟子看來，這樣的「情」（「端」）是人人皆具且必具的，缺失了「端」，那就是自德性層面喪失了作爲人的本根；若是自「端」的性質而言，那麼，惻隱之心、羞惡之心又是分別以仁、義爲其核心的，更確切地說，道德情感並非一般意義上的情感，而是以德性爲其質的，也正是在這個意義上，方能說以四心爲「端」的性是善的。以惻隱之心、羞惡之心爲仁、義之「端」，同時，又以仁、義作爲惻隱之心、羞惡之心之質，貌似一種循環的論證路向，但在孟子性善論的體系內，卻是能夠成理的，因爲他是在不同意義上使用仁、義的。固然狹義

〔註１〕《論語・顏淵》
〔註２〕《孟子・公孫丑上》
〔註３〕《孟子・告子上》

的仁義更多地具有內在品格，但是，廣義的仁義卻又是以具體德行爲其目標的，故此不妨說，在孟子性善論的體系中，內涵著如下的結構：「四端」（仁義禮智之「情」）→仁義禮智，其中的「→」，如果以孟子的話說，就是指「擴而充之」〔註4〕，是道德情感的不斷展開、實現和昇華。質言之，孟子對仁義之「情」的存在及其善質確信不疑，而這又構成了仁義的現實之基，亦即是「端」。

有關仁義之性的問題，自然離不開對心的考察，因爲如果說到底，性只能是心之質及其展現。無論是從潛在的層面，還是自現實的層面，相對而言，孟子都是正視非仁義之心的存在的，而他的有關仁義的主張，也正是針對非仁義之心提出來的；也就是說，廣義的性之「端」，應該包括欲和仁義兩個層面的意義，而孟子卻在正視前者的前提之下，以後者作爲性善的基礎，亦即從德性的層面確立人之爲人的特性。因爲在孟子看來，作爲仁義基礎的，不能是以非仁義之「情」爲其內容的心，而只能是具有原初善的品質的惻隱之心、羞惡之心等，「作爲性善論基礎的心，只是良心。心的涵義比較寬泛，有好也有壞，有善也有惡，但孟子只以良心論性善。」〔註5〕這樣的釐清，是有見於孟子在「心」上的立場的，與其說孟子堅持仁義之心的本體性，毋寧說他鑒於非仁義之心難以轉變爲仁義的形態，從而突出了仁義之心的道德性及其地位。當然，仁義之心固然並不是從認知層面而言的，不過，正如前面相關章節所論，對於心的認知功能，孟子也並未予以否認，但是，卻又並非他關注的焦點，而更多地是內在於仁義的，是從屬與服務於德性和德行的，此不再贅言。

至於仁和義的關係，孟子指出，「仁，人之安宅也；義，人之正路也。」〔註6〕他多次自性能和作用層面加以模擬，分別以宅和路喻仁和義：將仁視爲人之安身立命的根本和歸宿，於形象之中滲透著仁的抽象和概括特性；同樣，將義視爲「正路」，是把它視爲人生的規範和原則，當然也是一種評價尺度。而且，路與宅的關係也暗示著，對於主體的挺立而言，仁和義是相互依存、相輔相成的關係，仁必須由義來充實和補全，義必須由仁來深化和引申。誠若王陽明所言，「心，一而已。以其全體惻怛而言謂之仁；以其得宜而言謂之

〔註4〕《孟子・公孫丑上》
〔註5〕楊澤波：《孟子評傳》，南京：南京大學出版社 1998 年版，第 296 頁。
〔註6〕《孟子・離婁上》

義。」〔註7〕相對於仁的純德性，義則更強調德性之「宜」，顯然多了知性考慮的色彩，表現爲引導性、規範性、準則性等方面的更爲具體的內容。「仁是道德的本身，是一切道德的能動者，義是具體行爲的準則或規範，正路和敬長，正是有準則和規範的意義。」〔註8〕以本體和規範分別仁和義，基本上與孟子的原意相符，相對而言，仁是孟子所主張的道德的根本內容，而義則是這一內容得以健全和發展的重要保障，尤其表現在現實德行的層面上。當然，這一保障——義也是人心所本有的，是內在德性的構成性內容，或者更確切地說，孟子視野中的「仁」本身必然包含了義於其中。

值得進一步注意的是，基於在心和性的關係上的立場，孟子堅決反對告子所謂的「仁內義外」〔註9〕，而明確地主張「仁義內在」。應該可以肯定的是，在告子看來，仁是內在於人心的，但是對於義，他有見於其合宜性的意義，過分強調了義的因時、因事而異的一面，從而忽視了其德性之意；他甚至將義與白色之白相類比，以論證他的「義外」，其中除了蘊含著事實與價值之間的跳躍外，更爲嚴重的是，有將仁心同樣外化的危險。而孟子所主張的「仁義內在」，突出仁和義都是內在於人心的，外在的因素只是提供了激發機制而已，並不能因此說義就是外在的，義的合宜性意義的更深層的意向是其德性內質。「仁義內在」意在彰顯的是，道德的價值及其是非之判準，不在外在對象之中，而皆本在於人之心，當然，前提是此「心」根本上乃仁義之心，亦即道德心。與此相應，孟子之所以批判告子的「不動心」〔註10〕之道，也正因爲自「仁義內在」來看，德性源自仁義之情，其判斷的標準也是仁義，而這些都不依賴於外在對象，正相反對，恰恰是深植於心的，人只有在道德層面上反省於內，才能眞正地實現德性的堅毅；但告子式的「不動心」，往往會被外在因素所牽累，這是義的外在性所必將導致的後果。

〔註7〕 〔明〕王陽明：《王陽明全集》，上海：上海古籍出版社1992年版，第43頁。

〔註8〕 韋政通：《中國思想史》，上海：上海書店出版社2003年版，第181頁。

〔註9〕 《孟子·告子上》：「告子曰：『食色，性也。仁，內也，非外也；義，外也，非內也。』」

〔註10〕 黃俊傑認爲，孟子所認同的「不動心」，是指一種人生境界，涵義甚廣，不動其「不忍人之心」，是達到這種境界的一種途徑，但還有其它途徑。「不惑」則是「不動心」的一種境界，然而「不動心」者卻未必「不惑」（參見黃俊傑：《中國孟學詮釋史論》，北京：社會科學文獻出版社2004年版，第172頁）。很顯然，也是將「不動心」視爲德性堅毅的根本要求，是人之內在人格挺立層面的內容，因而，基本上指出了「不動心」在孟子視野中的意義。

　　由於義是內在的，故孟子強調「集義」的重要性，此「集」含有「內」的走向，相應地，「集義」實則一種內向性的活動，更確切地說，它是依憑德性的內省性的活動；當然，在孟子看來，「集義」也離不開德行，但是，「集義」的本根性依據，卻始終是內在的。與「集義」形成對比的是，孟子以「義襲而取之」來概括告子立足於「義外」的「不得於言，勿求於心」〔註11〕，「襲」而「取」乃是完全將義視為外在於內在德性的內容，兩者之間更多地只是偶然性或隨意性的關係。因此，在孟子看來，告子「不動心」的工夫雖然一時極易奏效，但由於它並非根源於道德主體的自身力量，故而無法持久，很容易導致主體的「自暴」「自棄」；相反，只有通過主體的「集義」，才能不斷地由道德反省豐富道德自覺，再由道德自覺進一步促進道德反省，在德性的完善和德行的展開中提升道德境界。

2、「由仁義行」

　　作為仁、義之「端」的惻隱之心和羞惡之心，都是內在的，一方面，固然表明仁義有其先驗層面的意義，是一種內在的品格，也正是這一意義賦予「端」以善的品質，另一方面，「端」的內在性卻又蘊含著具體展開的必要性，相對而言，於德行中貫徹與體現仁義，構成了仁義的更為切實、積極的維度，也是「中道」的必然要求。

　　如第二章所論及的，孟子注意到血親對於仁愛所具有的基礎性意義，並進而提倡「推恩」，這也源自他在仁義上的基本立場。不容諱言的是，仁義之「端」作為道德情感，在其原初的層面上，無疑也是一種自然而然的情感，而這種情感又最易激發自血親。「仁之實，事親是也；義之實，從兄是也。」〔註12〕雖然並未完全地以「事親」和「從兄」來界定仁和義，但顯然是將「事親」〔註13〕和「從兄」作為仁、義的首要內容；血緣親情是仁義的重要組成

〔註11〕《孟子·公孫丑上》
〔註12〕《孟子·離婁上》
〔註13〕對於「事親」的基礎性意義，在有關孟子對舜「竊負而逃」（參見《孟子·盡心上》）的態度中，也得到了較為集中的展開。孟子自正面論述父子至親對於仁愛的積極意義，因為縱使「竊負而逃」與「忘天下」之間有著邏輯上的因果關係，但是，「竊負而逃」的重點不在於「忘天下」，相反，對天下所盡的道義上的責任，其前提正是以父子至親為基本內容的仁義，因此，如果缺少了父子至親，而欲真正地於天下實行仁義，那是不可能的，也正如孟子所認為的，無父乃是禽獸也。因盡父子之道而「忘天下」，在表明天下與父子血緣

部分，而且尤爲重要的是，它是仁義的原初性或本源性的因素。在此意義上，不妨更直接地說，血緣至親乃是「仁義之端也」。但是，「孩提之童無不知愛其親者，及其長也，無不知敬其兄也。親親，仁也；敬長，義也；無他，達之天下也。」〔註14〕仁義之「端」卻又並非是單向度的，其血親之意乃是內涵著張力的，因爲仁義更是以「達之天下」爲目標的，突破純粹的血親之限，將愛推向比個體（我）更爲廣泛的維度，是仁義的更高追求。

對於僅僅以原初層面的「端」爲仁義的行爲，孟子予以了猛烈的抨擊。當梁惠王因喪子、割地之恥而「願比死者一洒之」〔註15〕時，孟子表示了明確的反對，並進而評論說：「不仁哉梁惠王也！仁者以其所愛及其所不愛，不仁者以其所不愛及其所愛。」〔註16〕因爲，痛「長子死」體現出的是恪守父子之親，「願比死者壹灑之」，表明的是講求君臣之義。但是，僅有這些還未免太狹隘，並未能將血親之「仁」和君臣之「義」，擴而推向於更廣的層面，相反，較多地只是將民視爲實現其狹「仁」、窄「義」的手段甚或犧牲品，故而以孟子之見，其實梁惠王所謂的、所欲的都不是仁義自身。仁者與不仁者之根本的差異就在於，前者能由基本的血親之愛推展到更爲廣泛的愛人的層面，進而也能夠更爲明智地鞏固與保證「親親」及其地位，而後者則往往將單純的血緣情感的負面意義強加於其他人的身上，根本上背棄了「己所不欲，勿施於人」〔註17〕的道德基則，以致最終導致仁愛及其基礎的徹底崩潰。簡言之，作爲「端」的惻隱之心、羞惡之心，必須經由「推恩」，展開並體現於

至親之間的矛盾的同時，所突出的無非是仁義之基的重要性，雖然舜的這種行爲有自私的嫌疑，但是，這樣的自私所體現的正是人之爲人的本根性的一面，這樣的私是走向公所必需的。孔子也說過，「父爲子隱，子爲父隱。直在其中矣。」（《論語・子路》）顯然是要求自父子至親的基礎性立場去面對和處理問題，突出了這樣的自然倫理層面的內容對於「直」所具有的基本價值，這與孟子視野中的舜在處理父子與天下關係問題上的立場有相似之處，只是孔子沒有進而指出父子相隱可能具有的更廣闊的社會意義。當然，過分強調父子血親關係的一個維度，容易導致血親關係的破裂，尤其是在不以天下爲目標時，再者，「父慈」跟「子孝」本是統一的，而且在現實當中必須統一，但是，孟子卻將重心更多地放在「子孝」這一面，這一點是值得注意的。

〔註14〕《孟子・盡心上》
〔註15〕《孟子・梁惠王上》：「梁惠王曰：『晉國，天下莫強焉，叟之所知也。及寡人之身，東敗於齊，長子死焉；西喪地於秦七百里；南辱於楚。寡人恥之，願比死者一洒之，如之何則可？』」
〔註16〕《孟子・盡心下》
〔註17〕《論語・顏淵》

德行之中，這正是仁義在實踐層面的歸宿，其中也體現了「中道」的精神。

對於具體的道德踐履，孟子非常注重仁義於其中的根本性意義，德行必須以主體的德性爲內在出發點，並以提升德性爲目標，如若用他的話說，也就是必須「由仁義行」〔註18〕。在他看來，「由仁義行」是以以「端」的形態存在的仁義，作爲行動的德性前提和道德約束機制的，而這又是主體自覺的過程，也就是說，德行以仁義作爲其德性及其自覺的支點，同時，也是以仁義作爲指向的。與此相反，「行仁義」則往往注重仁義的外在表現，力圖在形式上符合仁義，當然，這或者是出於德性自覺的缺失，或者是由於主體自身的掩飾，但總而言之，它更多地是與「義外」說相聯繫的。《中庸》曰：「或安而行之，或利而行之，或勉強而行之，及其成功，一也。」〔註19〕也從出發點上區分「行」的性質，與孟子在「由仁義行」和「行仁義」之間所作的區分，有一定的可比性。不妨這樣說，出於德性至上的基本立場，孟子突出內在仁義與外在德行的一致性，從而將焦點聚集於「行仁義」之「仁義」的非內在性上，及其所可能導致的非仁義的結果上，進而彰顯「由仁義行」及其意義。

以老子爲首的道家經常被視爲反仁義的代表，對於這一點，我們固然不能輕易地予以否定，但是，卻又必須給予深層次的梳理。就其字面表達而言，《老子》對「仁義」多有批判之辭，但是，據老子本人對世俗的一貫態度，不妨將之與孟子的相關立場作一比較。「絕仁棄義，民復孝慈。」〔註20〕只有摒棄「仁義」，才能恢復最基本的人倫，因爲它在根本上是與人倫相悖的。「大道廢，有仁義。」〔註21〕就其眞實所指來說，被列爲反對對象的「仁義」，更多地是世俗化、形式化的形態；相對而言，「仁義」也是與「道」有關聯的，但是，它不是對「道」的順承，而是對「道」的背棄或破壞。因此，老子之所以反對「仁義」，與孟子之反對「行仁義」是一致的，孟子反對「行仁義」，實質上也就是對老子所說的「絕仁棄義」的改造和發展，而孟子之主張「由仁義行」，也是鑒於仁義過度形式化或外在化所可能導致的後果。當然，需要更明確地指出的是，老子在反對「仁義」之後，便不再將道德性作爲人道的

〔註18〕《孟子・婁離下》：「舜明於庶物，察於人倫，由仁義行，非行仁義也。」
〔註19〕《中庸・第二十章》
〔註20〕《老子・十九章》
〔註21〕《老子・十八章》

根本屬性，而是將回歸本然（自然而然）的形態作爲人道的理想，以「無爲」意義上的仁義〔註22〕，取代了他所反對的「仁義」。與之相反，孟子在反對「行仁義」之後，所力圖追求的目標，則是更爲積極、合理的仁義，「由仁義行」突出人的本初形態的核心是其內在德性，它既非徒有虛表的「仁義」，也絕非僅具原初物性的內容。

因此，與其粗概地說老子反對仁義，倒不如說老子反對假仁假義，老子反對儒家的「仁義」，更多地是反對將後者的仁義思想過於形式化或外在化，及其所（可能）導致的後果，實際上也正是反對爲孟子所反對的「行仁義」。換而言之，對於仁義沒有能夠在現實中得到很好地貫徹這一點，孟子和老子幾乎有著類似的慨嘆，因而否定現實「仁義」的特定形態，而對於更合乎人道的仁義，縱然老子更強調人道之後的天道義，但兩者還是有著一定的共同認可的。當然，孟子由德性層面對仁義的凸出而主張「由仁義行」，至於如何實現這一點，他的基本立足點還是「仁義內在」，因此「先立乎其大者，則其小者不能奪也。」〔註23〕著重突出的是養「大體」的首要性，實際上也是要求堅定和充實主體的內在仁義，只有主體擁有了德性及其自覺，才能進而將仁義推向踐履的層面，一言以概之，「立乎其大」是「由仁義行」所必需的內在前提，即「行」必須依靠德性人格之塑造和挺立〔註24〕。

綜上所述，對於「中道」的德性支點——仁義，孟子凸出其內在性，主張始終將主體的內在德性，視爲德行的道德源泉和價值評判標準。在此基礎

〔註22〕老子也說，「上仁爲之而無以爲；上義爲之而有以爲。」（《老子・三十八章》）即仁義源自於「道」，雖然不是與「道」對等的內容，但是，仁義卻是以「道」作爲根據的，大仁大義正契合清靜無爲的宗旨，是老子所主張的理想的仁義形態。不妨這樣說，我們必須將以老子爲代表的道家視域中的「仁義」作一定的深度解剖，道家的理想追求和現實關懷落實在仁義的層面，就是堅持仁義必須源自並符合「道」及其相應的特性，雖然道家之「道」與儒家之「道」有著不容忽視的差異性，但是，在追求更合於「道」的仁義這一點上，卻似是有著相通之處的。

〔註23〕《孟子・告子上》

〔註24〕單純就「仁」而言，李澤厚認爲，「『仁』既非常高遠又切近可行，既是歷史責任感又屬主體能動性，既是理想人格又爲個體行爲。而一切外在的人道主義、內在的心理原則以及血緣關係的基礎，都必須落實在這個個體人格的塑造之上。」（李澤厚：《中國思想史論》（上），合肥：安徽文藝出版社1999年版，第31頁）顯然注意到「仁」所具有的先天與後天、內在與外在、理想與現實相統一的一面，但是，更爲關鍵的是指出了，主體人格的鑄就是德行的根本，突出德性主體對於「行」的基本意義，切合「由仁義行」的精神。

上，孟子強調「由仁義行」，因而將仁義展開於具體的德行之中，一方面，貫徹了「中道」的路向，突出了由內在仁義之「端」向德行推展的必要性，另一方面，契合「中道」的「行」，又必須以仁義爲其所歸，仁義是「中道」的德性意義所在。

第二節　天人之際

　　作爲先秦哲學主要論題之一，天人之間的關係，也是孟子哲學的歸結性問題，當然也是其「中道」思想的最根本性的問題。孟子首先關注的，是怎樣從實質的層面，將人與非人之物區分開來，並因而凸現人之爲人的價值，同時，「愛物」也是孟子在人與物的關係上的重要立場。然而，在孟子的視野中，人及其意義，作爲道德和倫理價值的核心，更多地是以道德實踐的形式表現出來，而這一實踐卻又或多或少地受到「命」的影響，因「命」而成人，在一定意義上，也體現了「中道」精神。「中道」的最終所向，則是天與人的合一，當然，「中道」之下的天人合一，除了原初層面的意義之外，更爲實質的則是德行展開中的動態統一。

1、人與物（禽）

　　從存在的角度而言，作爲生物形態存在的人，定然與其周圍的萬物一樣，都是在自然（亦即王夫之所謂的「天之天」）的大化流行中產生的，同時，人更是在與萬物的聯繫中存在與發展的。在孟子「惟義所在」的視域中，固然強調人與物之間有著質上的差異，但是，這樣的差異卻並不意味著否定萬物存在的意義，相反，尊重萬物及其發展，是成就人及其德性的必需，或者說，人的德性是具有其包容性的，包容萬物並使之成爲人之德性的內容，這是孟子在人與物關係上的核心之意。

　　若是就生物層面的人而言，孟子認爲與萬物是沒有區別的，即使是像舜這樣的聖人，也不能擺脫作爲「物」而存在的事實。「舜之居深山之中，與木石居，與鹿豕遊，其所以異於深山之野人者幾希。」〔註25〕相對於文明形態的人，人之外的萬物，無疑帶有「野」的特性，但是，在孟子看來，較具完美德性的舜，卻在一定程度上也擁有「野」的性質。若是就一般層面而言，

〔註25〕《孟子・盡心上》

德性與人的自然秉性是並不衝突的，恰恰相反，正是在人的自然之質的基礎上〔註 26〕，德性才形成並拓展開來的，而人的物性在人自身的提升中，也被融進了其德性自我之中。毋寧說，德性之人是無法徹底擺脫其物性的，不管怎樣重視道德及其意義，德性和德行的主體，必須是具有生理生命的人，無視這一點，必將走入主體缺失的圈圈。有見於此，孟子也相應地比較重視生命，無論是他對民生的關注，還是他自己有時爲了避禍而奔走，這些都集中體現了他的立場，當然，對生命的呵護必須以提升德性爲其本，一味地重生也是爲孟子所不屑的，德性至上的基本立場，在他的「中道」理想中是堅如磐石的。

誠然，孟子將物性層面的人，視爲與萬物差異甚微的形態，意味著融於萬物乃是人之存在與發展的必要條件。但是，物性又不能構成人的本質層面的意義，在孟子看來，人之爲人的本質在於其德性，因此，「幾希」之異才是人物（禽）之別的關鍵。如前所論，「幾希」亦即是仁、義、禮、智這「四端」，從最初形態而言，人之異於萬物者，正在於人秉有這些道德情感，「孟子人禽之辨根本關鍵不在於辨認與獸不同『類』，而在於使人自覺其爲人。」〔註 27〕當然，這種自覺及其昇華，離不開德行的努力，即具有原初意義的道德情感，還必須在德行中展開並得以提升，堯舜等之所以能夠成爲聖人，就在於他們能夠依據所秉之「端」，應時而發，進而擴而充之，將「幾希」之異由道德情感的層次，提升到自覺的德性及道德行爲，只有在此層面上，人物（禽）之異方有了更爲切實、更爲本質的意義。因此，關注人與物（禽）的本質差異，而不是一般層面的差異，這是孟子性善論的立足點，而能否眞正地自道德層面上有別於萬物，更被他認爲是德行的重要意向及其衡量標準。當然，孟子在人、物之本質差異上的立場，仍難免其狹隘性和抽象性，因爲德性之異在

〔註 26〕就人的自然性問題，馮契先生有著明確的論說，「人類活動其實也是自然界的運動，人本身是屬於自然界的。……天道是自然，人的德性也出於自然，只有順著自然天性來培養發育人的德性，而不能違背人的自然性。」（馮契：《認識世界和認識自己》，上海：華東師範大學出版社 1996 年版，第 391 頁）與孟子的觀點相類似，所引也是突出自然性對於人之成德的重要意義。當然，值得注意的是，馮契先生是在歷史唯物主義實踐觀的層面上，討論自然性與人的德性關係問題的，而孟子卻是純粹地自德性角度言之，兩者還是有著基本立場上的差異的。

〔註 27〕黃俊傑：《中國孟學詮釋史論》，北京：社會科學文獻出版社 2004 年版，第 22 頁。

總體上是被攝於社會性的，「人的本質不是單個人所固有的抽象物，在其現實性上，它是一切社會關係的總和。」〔註28〕只有提升到社會性的層面，才能更全面、透徹地認識到人、物之異，而在孟子的性善論之下，這是很難實現的。

也正是基於對「幾希」之異的突出，在仁義的現實展開中，孟子強調必須要由人始。「今恩足以及禽獸，而功不至於百姓者，獨何與？」〔註29〕人固然具有生物性，而人更有以仁義爲核心的人之性，這是人能夠且必須高於物性的前提，此處孟子的一問，突出反省了人與物（禽）之間「愛有差等」的重要價值。「功不至於百姓」這一批判的矛頭所向，正是德性展開過程中，所（可能）產生的忽視其基礎和差等性的傾向，在承認親親之仁的前提性的基礎上，將恩推向人，則是更爲切近仁義的內容。換言之，孟子並未過多地關注仁愛的來源問題，而是秉持來源問題，以「逆推」的路向追問：自較近於自然意義的血親之愛中提升出來之後，仁愛的更爲實質的落實點究竟是在人，還是在物？由此而得出的回答顯然是在人，物只能是次之的。因此他認爲，現實中的非仁義行爲，會導致道德倫理關係的崩解，甚或進一步陷入人與禽獸無以異的境地，所以，他痛斥之爲禽獸之行。當然，孟子持有並凸顯「愛有差等」主張的立足點，則是對將人降爲物的危險性的關注，但是，由這一立足點僅能導出的結論是，在人的類質面前，物具有相對「卑微」的地位，卻不能因此絕然無視物之性及其意義，更不能因而全然地以人代替物。

而且，從孟子的立場來看，「愛物」也是仁愛的應有之義，這對突破純粹的人類中心視野，是有其積極意義的。「不違農時，穀不可勝食也；數罟不入洿池，魚鼈不可勝食也；斧斤以時入山林，材木不可勝用也。」〔註30〕顯而易見，「食」「用」是以人類的視野去觀照物而產生的論題，都是強調物對於人所具有的價值，而「不違農時」「數罟不入」等，則是自更爲辯證且積極的角度論之的，即必須將物的存在與發展，也納入與人相協調一致的整體之中，予物以愛，方能使承載人的力量和意義的「食」「用」等得以實現。朱熹在解釋「君子之於物也，愛之而弗仁」〔註31〕時，認爲「愛，謂取之有時，用之

〔註28〕《馬克思恩格斯選集》（第一卷），北京：人民出版社1995年版，第56頁。
〔註29〕《孟子·梁惠王上》
〔註30〕《孟子·梁惠王上》
〔註31〕《孟子·盡心上》

有節。」〔註32〕顯然是以「時」和「節」界定對物之「愛」，而不是憑對人之仁以待物，也正是如此的「時」「節」之「愛」，突出了孟子在人與物之間所持的立場——承認人的價值和目的同時，必須正視物相對於人所具有的價值和意義，縱然後者是相對外在層面的內容，否則，極容易對物及其性質造成戕害，從而使人的德性也難以成就其完滿形態。

綜而言之，在人與物（禽）的關係上，孟子也以「中道」貫穿之，一方面正視人所具有的物性及其意義，但同時，卻又將德性作為人的本質屬性，若是結合性善論言之，那麼，以德性統馭物性的傾向還是在其中存在的。自兩者的層次而言，德性顯然是在物性基礎上實現提升的，而自德性的現實展開而言，孟子相應地主張將人作為施愛的首要對象，在此基礎上，推之於人之外的萬物。

2、力與命

若是撇開人的物性，單就其德性及能動作為而論，那麼，天與人之間較為突出的，便是力與命的關係問題。而此問題的核心，無疑是人及人的作為，「命」則是人及其價值得以成就並凸顯的重要因素。沒有人的作為及人所處的境遇，「命」也就失去了自身的意義，全然無視「命」，人的作為及其成就，往往易遭致障礙，但是，不容否認的是，「命」及其意義卻又無法凌駕於人為之上。

在第五章中，曾就民「命」問題作了討論，意在指出的是，相對於個人的力量和努力，民力具有更為廣泛而深刻的影響，因此，由民及其作用所產生的「命」的意識，實質上便是對民力的重視。自眾與私的區分來理解「命」，固然是一個必要的視角，但是，「命」的更深層的意義是與「性」相聯繫的。「盡其心者，知其性也。知其性，則知天矣。存其心，養其性，所以事天也。殀壽不貳，脩身以俟之，所以立命也。」〔註33〕至於心、性、天的關係，王陽明曾基於孟子的論述作出如下理解，「夫心之體，性也；性之原，天也。」〔註34〕相對於心，性是其本質層的內容；自緣起而言，心與性都源自於天；自人的作為及其條件言之，具有先驗品質的天便表現為「命」。王夫之說：「孟

〔註32〕〔宋〕朱熹：《四書章句集注》，北京：中華書局1983年版，第363頁。
〔註33〕《孟子・盡心上》
〔註34〕〔明〕王陽明：《王陽明全集》，上海：上海古籍出版社1992年版，第43頁。

子曰：『自天之與人者言之，則曰命；自人之受於天者言之，則曰性。命者，命之爲性，本一致之詞也。」〔註35〕顯然是將性與「命」相等同，只是由於視角的不同，方造成兩者表達上的差異，此論與郭店楚簡「性自命出，命自天降」〔註36〕的理路是有一定差異的，因爲後者較爲突出性與「命」所具有的層次差，但是，應該承認的是，兩者都是將「命」納入天與性的動態關係中予以考察的。

　　據《孟子》文本所表達的意思，從「端」的生發而言，心、性植根於天，因而展現出相當的先驗性，故可以「命」名之，而植根於天的心、性，卻在德性和德行的展開中賦予主體以道德自覺，與此相對，天又更多地以「命」的形態表現出來。質言之，相對於後天的人爲，一方面，心、性源自於天，便表現爲「命」，另一方面，在德行之中，天作爲對人爲過程有著制約作用的因素，便以外在之「命」的形式展現出來，即如孟子所說的「莫非命也」〔註37〕。就第一層面而言，人爲幾乎是不能有所作用的，與此相應，「命」在相當意義上便是絕對的；相反，力與命的關係，更多地是在第二層面上得以具有其意義的，而其具體的展現，則是對「在我者」和「在外者」關係的考察。

　　　　求則得之，舍則失之，是求有益於得也，求在我者也。求之有
　　道，得之有命，是求無益於得也，求在外者。〔註38〕
「求」所體現的，是對人的主體性及其能動性的關注，這也契合孟子重視人爲的一貫立場，但是，顧及「在我者」之外的「在外者」，及其可能造成的後果，也成爲孟子考慮問題的必要維度；因爲在他看來，正是「在我者」與「在外者」，成了「求」之得失的關鍵，進一步突出了「求」之適恰性的同時，也暗示著其視野中的天與人之間存有張力的一面。

　　不過，對於「在外者」，孟子還是注意到了人的主體性所可能具有的作爲，「順受其正，是故知命者，不立乎巖牆之下。盡其道而死者，正命也。桎梏死者，非正命也。」〔註39〕肯定了「在外者」及其性質的同時，指出人可以

〔註35〕〔明〕王夫之：《船山全書》（第 8 卷），長沙：嶽麓書社 1991 年版，第 932 頁。
〔註36〕《郭店楚墓竹簡·性自命出·簡二～三》
〔註37〕《孟子·盡心上》
〔註38〕《孟子·盡心上》
〔註39〕《孟子·盡心上》

采取「順」的態度〔註40〕，以期「正命」，當然，這裡的「順」也不是全然的
順從，而是依循主體性以「知命」，按照人之爲人的方式去「順」，實質上也
就是誠如大禹行水那樣的疏導，「盡其道」所突出的，正是人與「天」之間的
一種溝通及其相應的結果。因此可以說，「在我者」並非純然地超拔於「在外
者」，而孟子的理路更多地是用「在我者」去統籌「在外者」，顯然表現出將
道德內在化的意向，同時也視「在外者」爲德行得以展開的重要領域，換言
之，德行的展開必須以對「在外者」的意識爲前提。可見，在孟子視閾中，
人爲的性質顯然是區分「正命」和「非正命」的核心要素，這樣的區分與其
說是由「命」決定的，毋寧說是因人及人事自身而異的，滲入了人爲因素的
「命」，便進一步失去了神秘性和超越性的一面，與此相應，則是其事後精神
慰藉的色彩也更加濃鬱。若是更進一步地分析，那麼在孟子那裡，性顯然更
多地是屬人的層面的，而「命」則相應地是屬天之域的，因此，性與「命」
之間的關係，無疑也在一定意義上意味著天人之間的關係，而性與「命」的
「分」，則是通過「正命」得以溝通或合一的。

　　概言之，在力命關係的問題上，孟子也力圖貫徹「中道」的思想，既承
認有一定超驗意義的「命」，而又更是突出人的主體作用。正如孟子所謂的「舍
我其誰」，在表達他自身的擔當意識之外，更突出了對人的主體性及其力量的
重視。因此，相對而言，此「我」並非特指某一個具體個體，更多地是作爲
深沉的歷史自覺的載體的人類主體，因而是每個個體的人所都應具有的內
容；與其說其中表現的是個人的狂妄，倒不如說是體現了以人類整體視野觀
之的立場，是對人之力量的高揚。但是，人的主體性活動始終無法離開基本
的歷史和現實，人必須將自己的行動植根於歷史及具體境遇之下，在這個層
面上，它們都構成了廣義的「命」。

〔註40〕關於「命」的問題上的「順」，清儒黃宗羲的《宋元學案・安定學案》中亦有
　　　　曰：「命者稟之於天，性者命之在我者，在我者修之，稟於天者順之。」（〔清〕
　　　　黃宗羲：《宋元學案・安定學案》，北京：中華書局1986年版，第26頁）其
　　　　中有關命與性及其關係的觀點，在一定意義上，可視爲前述郭店楚簡與王夫
　　　　之兩者視角的交融，而將「性」歸入「在我者」，這與孟子的立場也是相切合
　　　　的。由於性與命的關係而主張修性，相對而言，當然也不排除對所謂「命」
　　　　的順，至於明確要求順「命」，除了突出「命」的不可違逆性之外，因性而修
　　　　也是其中的重要維度，所以，順「命」也並非意味著人的一無所爲，而是在
　　　　與「修」的互動中展開的。

3、天人合一

不論是人與物（禽）的關係，還是力與命的關係，都是天與人的關係的重要組成部分，都從相應的層面體現了孟子在天人關係上的立場。而若就以作為整體形態出現的天人關係而言，那麼，孟子的典型觀點顯然是天人合一，當然，在其「中道」精神之下，天人合一的具體形態卻又具有一定的複雜性。

毋庸置疑的是，在孟子哲學思想中，天人合一的首要意義，是指心、性、天的合一，而更為實質的內容，則是指性（心）之「端」源於天，即「人之有是四端也，猶其有四體也。」〔註 41〕以生理生命的獲得比喻性（心），意在突出心、性的產生具有其相應的道德先驗性，因而天便染上了一定的德性色彩，也正是在這層意義上，可以說心、性與天有直接合一的意味。就此點而言，孟子與其後的荀子是有顯著差異的，在人性的原初意義上，荀子也力圖貫徹天人合一的視野〔註 42〕，但是，他更多地是自人與物（禽）的共性中去展開相關立場，德性及其意義是不甚顯明的，從而導致人性惡的結論，進而言之，在「人之性惡，其善者偽也。」〔註 43〕的展開中，「明於天人之分」〔註44〕便是必需的；而孟子則以德性的視野觀照人與物（禽），因而並沒有凸顯物性層面的天人合一，相反，天人合一更多地是非物性層面的，人與物在德性之下更顯兩者的相異性，而以德性觀照天的結果，便是使之具有了德性的品格，因而，在其理論的後續展開中，天人合一便表現為順序推進的過程。

當然，因原初意義上的天人合一而產生的人之善，卻又並非是絕對的，因為畢竟人還有著物性，所以人皆有可能「放其（良）心」；也就是說，性之「端」的層面上的天人合一，並不具有完整的意義，由天而產生的性善不能

〔註41〕《孟子‧公孫丑上》

〔註42〕至於這一層面上的天人合一，在老子那裡也是可以成理的。《老子‧二十五章》：「故道大，天大，地大，人亦大。域中有四大，而人居其一焉。人法地，地法天，天法道，道法自然。」人是「域」中的四「大」之一，在天人合一的視野之下，人更多地以合乎「自然」的形態表現出來，這與康德「人為自然立法」的觀點是有迥異之處的。不過，與荀子不同的是，老子此處的「自然」意味著本然，而自價值評價而言，其當然是善的；與孟子不同的是，老子此處之「人」的主體性在一定意義上消隱了，價值之善的核心不在人，而是被「自然」取代了，這是為孟子所反對的。

〔註43〕《荀子‧性惡》

〔註44〕《荀子‧天論》

缺少主體的「求其放心」〔註45〕，而「求」的方法與目標，則主要是「反求諸己」，即必須通過主體的德性自省，實現道德境界的提升。在這層意義上，天人合一又是與「復性」無法脫鉤的，由於人的德性本來就是與天相一的，那麼，人的善更多地在於回歸與恢復固有之善（天）。然而，須指出的是，單純的對「反求諸己」的凸出，也很容易導致否定德行的必要性，使得德性及其展開成為純粹的內在過程。質言之，德性意義上的「良知」「良能」〔註46〕固然源自於天，但是，若果執著於原初層面的天人合一，將必然導致其中復性傾向的張揚，而後天的德行則是克服這一傾向的必需；至於內在的德性反省與德行，可以這樣說，「求其放心」固然是德行的必要前提，但是，後者也是前者深入、昇華的具體過程，反之，如若缺乏德行的天人合一，最終只能使人性之善停留在「端」的層面上，天人合一僅僅是美好的願望而已。

人自天獲得心、性，天在一定意義上構成了心、性之源，但是在天面前，擁有心、性的人卻又並非一味的循規蹈矩，相反，人道的典型特徵是人自身能動和作為的成就，就其道德意義而言，則集中於仁義的現實展開。在孟子看來，仁義之德之所以無法在現實中展開，源於主體在心性層面上仁義的缺失，即不行仁義是由主體「放其（良）心」造成的，所以孟子才高聲疾呼「由仁義行」，將德行視為德性的切實展開。只有在現實中積極地依德性而行，充分注重人的主體性及其作為，方能實現人的價值，凸顯人道的意義，當然，依孟子的理路，合乎人道之行，自然也不會排棄天道；若是用孟子所引的《尚書・太甲》中的話說，就是「天作孽，猶可違；自作孽，不可活。」相對於天而言，人尚可因仁義而「違」之，但是，如若人以消解自身的道德主體性為代價，即是「自暴」「自棄」，那麼無異於自取其亡；也就是說，仁義之行的無法推展，所體現的更多地是人為的失敗，其後果便是人道的無法伸張，由此可見，相對於天及其對人的影響，德行顯然更具有根本的意義，這對克服天人合一的先天性和絕對性，是具有一定意義的。

應該承認的是，孟子有以人道融天道的傾向，但是，他卻並沒有絕對否定後者，因為天道始終是人道展開所必需的約束性和輔助性因素，人為之合乎德性，是無法擺脫天道的。在孟子那裡，德行中的天道因素，多是以「命」

〔註45〕《孟子・告子上》
〔註46〕《孟子・盡心上》：「孟子曰：『人之所不學而能者，其良能也；所不慮而知者，其良知也。』」

或「神」來表達的，如在相關部分所做的論述，這些因素對人爲有著重要的影響，是人爲過程中所必須考慮的。《易傳》曰：「觀天之神道，而四時不忒；聖人以神道設教，而天下服矣。」〔註47〕聖人必須以破解「神道」爲己任，其意則在於以天道之本然爲德行的重要依據，進而彰顯人道及其發展的意義。在人的後天德行中，孟子也主張依照天道而行之，人道必須在天道的基礎上做出昇華，否則，人道也便會相應地帶有盲目性或神秘色彩，這是與他在人道上的核心立場相背離的，因爲在孟子視野中，人道更多地是仁和智相統一的形態，缺少了天道之關注的人道便是典型的不智。毋寧說，孟子在關注人的同時，始終還關注著人與天的關係，雖然其主線是人及人際，但是，力圖追求人與天之間的和諧，是孟子的重要理論貢獻之一，因爲人與天之間是人道得以彰顯的必然前提。

總之，實現天人的合一，是孟子「中道」的最終目標，而在「中道」進路下，孟子所力主的天人合一，至少包括兩層意義，一是自人的德性的原初而言，性善之「端」是與生俱來的，相應地具有一定的先天性，固然，這在孟子的哲學中一再被聲揚，並且被作爲性善的基礎，但是，此層面的天人合一，也僅僅是一個原初性的前提而已，並非是天人合一的現實形態；二是自德行的展開而言，人與天在更爲積極、合理的互動中力求統一，此樣統一的中心始終是指向人的，人的存在與發展是天人關係的主軸，當然，在指向人及人的價值的同時，天的意義也得到了彰顯，人之天與天之天在人的德行中得以並存和發展。

〔註47〕《易傳・觀・彖》

第七章 「鄉愿」：形似質異的形態

由「中」而致「和」，是孟子「中道」思想的重要內容和目標，從中體現了對以一偏形態出現的諸「端」之統一性的重視，但是，孟子視野中的「和」，卻又並不是純粹形式意義上的，它內在更多地是以「道」為其旨的，即「和」乃是有道德的剛性品格作支撐的。缺乏剛性之維的「和」，實質上也就是「鄉愿」，與「中道」有著質的差異，因此，反對並陳批「鄉愿」，也是聲揚並力行「中道」的重要環節性因素與保障。

第一節 「中道」之「和」及其「剛」性

與「中庸」思想相類似，「和」是孟子的「中道」在過程上的表現，更是結果層面的追求。若就其形式而言，「和」當然表現為統一性方面的訴求，而不是割裂諸「端」或偏執於一「端」，也就是說，「中道」固然正視矛盾或對立，但是，就發展趨勢而言，仍然是要達到諸「端」的統一之境；若就其性質而言，「中道」之「和」也是「和而不同」﹝註1﹞意義上的「和」，它並不意味著與仁義等基本的原則相衝突，更不等於放棄對這些原則的信守，相反，「和」本身就內含不損害、不違背仁義等原則的要求。毋寧說，「中道」之「和」，乃是以其質的道德義為基石的，在孟子的哲學視野下，剛性的仁義內容，構成了「和」的更為深層的意向，它也是「中道」的本旨之所在。

﹝註1﹞《論語·子路》：「子曰：『君子和而不同，小人同而不和。』」以「和」與「同」區分君子和小人，顯然表明「和」與「同」兩者是具有根本性差異的，而這種差異的實質，則在於是否能夠在「和」中保持人格的獨立，是否能夠守持德性，如若答案是肯定的，便是「和」，如若答案是否定的，則便是「同」（或動態上的「流」）。

在「和」的問題上，孟子認為柳下惠是「聖之和者」，據此最起碼可以說，孟子是將「和」視為聖人人格的重要特徵，在相當意義上表明了他對「和」的重視程度。那麼，作為「聖之和者」的柳下惠，其具體行為究竟是怎樣的呢？

> 柳下惠不羞汙君，不辭小官。進不隱賢，必以其道。遺佚而不怨，阨窮而不憫。與鄉人處，由由然不忍去也。「爾為爾，我為我，雖袒裼裸裎於我側，爾焉能浼我哉？」故聞柳下惠之風者，鄙夫寬，薄夫敦。〔註2〕

「污君」（道德低劣的君主）是自「德」作出的界定，「小官」（官位低下的人）是自「爵」作出的界定，兩者的共同點則是卑賤，在一定意義上，他們幾乎是為聖境所不容的，而柳下惠卻能「不羞」「不辭」，直面卑賤的對象，並積極地依從於道，進而以己之賢達到「和」；「遺佚」往往會因不能將理想推行於世而生怨，「阨窮」則可能由於境遇所迫而憂慮、失志，都意味著因境遇的不如意而走向消極的一端，但是，柳下惠卻能樂觀自處，儼然有著「孔顏樂處」的心境。因此不妨作一梗概，柳下惠之「和」的特徵便是，在面對一「端」時，不是一味地順從於此「端」，也不是過度聲張另一「端」〔註3〕，而是於兼顧兩「端」的同時，力圖在動態的過程中追求「端」的統一，因而達到「和」，當然，「和」的這種統一性，又必須是內合於仁義的，並且是為了更好地使仁義得以現實化。

柳下惠之「和」突出矛盾方面的統一性，可以視為一種近於「中道」的形態，不過，從其表現而言，柳下惠之「和」，往往給人以過於側重「權」的印象，故而難免明哲保身之嫌：從靜態而言，很容易導向將「和」與「同」相等同，從動態而言，往往又與「流」相牽扯，而「同」和「流」又都是為孟子「中道」所不容的。其實，從孟子替柳下惠所說的話中，我們也可以解讀出「中道」之「和」的深意所在。「爾為爾，我為我」，「和而不同」是儒家一貫的堅持，而在非常注重「經」的孟子的「中道」思想中，「和」也不等於

〔註2〕《孟子‧萬章下》

〔註3〕「聖之清者」的伯夷，由一味地守其德而轉變為純粹的自絕於世，便是聲張另一「端」的典型，當然，不容否認的是，在德性的秉持方面，「清」與「和」是可以溝通的；「聖之任者」的伊尹，由過於強調自己的責任而發展為不辨「時」的入世，便是一味順從於此「端」的典型，而就其展開的形式而言，它與「和」又是較為相近的。

「專同」，在人與我之間，還是保持著相當的距離的，並沒有一味地向他人看齊，也沒有苛求別人向自己看齊，外在表現上的兼容共處，並不等於內在的全然接納，更不等於其心缺失了基於道德的秉持和內省。「和」也不同於「流」，身處於其世，卻能以道自持，面向俗卻又不流於俗，便是「和」的真義，「君子和而不流，強哉矯！中立而不倚，強哉矯！」〔註4〕在世事的流變中，恪守「強」或「剛」的一面，這是「中道」之「和」得以挺立的根本。

不妨這樣說，自其表現或形式觀之，「和」作為「中道」所必具的品格或特徵，彰顯的是「中道」的多樣性和靈活性的一面，所蘊含與展現的是博大胸懷或對它的渴望。但是，「和而不同」之不苛求別人向自己看齊，並不等於放棄自身的獨立人格，也不意味著放棄道德薰染和教化，相反，「中道」之「和」的更積極的內容，則是德行過程中的互動與和諧，進而實現提升德性的目標。更確切地說，具有道德秉持的「和」，雖然也表現為「與狼共舞」，但是，卻又能在潛移默化中以德化人，從而使仁義得以成為現實的「群」的層面上的內容，所以，「聞柳下惠之風者，鄙夫寬，薄夫敦。」〔註5〕正是自正面揭示了「和」的本質及其倫理價值。亦如孔子所認為的，「禮之用，和為貴」〔註6〕，以禮為主要載體的道德教化的展開，也就是「和」的實現過程，「中道」之「和」意在通過德行，增進理解和溝通，化解主體間的緊張或衝突，實現人與人之間的共存與和諧，進而達到德性之境。

孟子「中道」所要達到的「和」的境界，若是引王陽明的話以證之，「寬而不縱，仁而有勇，溫文蘊藉」〔註7〕便是典型，聖人之德固然有其剛性的一面，而且，在相當意義上，這種剛性具有絕對性的意味，但是，剛性之德之所以能夠彰顯其意義，就在於剛性並不拒斥在其自身限度內的協調，即「中道」的剛性並不是純粹的或死板的，而是寓融通和發展的現實性於其中的，

〔註4〕《中庸·第十章》

〔註5〕 在這一點上，晏子事君的方式，與柳下惠之風是可以類比的，「靈公汙而晏子事之以潔，莊公怯而晏子事之以勇，景公侈而晏子事之以儉。」（《孔叢子·詰墨》）在表現形式上，晏子也以「和」的樣態展現於世，但是，其上達於道德之心卻是單一而恒久的，他對非道德主體所採取的態度，顯然是以德性的內容化之，其「事」的目的，則是指向後者道德境界的提升。質言之，晏子之多樣的「事」，也體現了基於道德的社會擔當意識，因而孔子方認為晏子是「以一心事三君，君子也。」（同上）

〔註6〕《論語·學而》

〔註7〕 〔明〕王陽明：《王陽明全集》，上海：上海古籍出版社1992年版，第837頁。

也就是「中道」之「和」。雖然在孟子看來，「和」必須以道德的剛性內容爲其內在根本，這一點是更值得關注的，也就是說，德性是「和」的宗旨，德性之「和」方是「中道」的展開形態；然而，無視「和」的現實意義，否定「和」的變通性與靈活性，那麼，很容易落入絕對主義和理想主義的窠臼。毋寧說，就「和」的形式與表現而言，「中道」顯然具有「左右逢其原」的特徵，相對而言，孟子也正是以「左右逢其原」，來描繪「中道」在德行結果上的品格的。

> 君子深造之以道，欲其自得之也。自得之，則居之安；居之安，
> 則資之深；資之深，則取之左右逢其原，故君子欲其自得之也。
> 〔註8〕

亦即是說，只有依「中道」而行，才能夠於眞正意義上實現圓融，並相應地在結果上表現爲和諧與完美。但是，有必要再次指出的是，孟子所主張的「左右逢其原」，絕不能被理解爲純粹的形式追求，因爲它是以主體的德性「自得」爲前提和根本的，是道德至上意義上的「左右逢其原」。換言之，若是自「功」的層面觀之，固然不能將「左右逢其原」剔除於孟子所追求的實踐目標之外，但是，它的具體的外在表現，卻又並不能代替實踐的德性意義，即「左右逢其原」必須是以人的內在德性爲其本源性依據，以德行的展開爲具體途徑，而且，最終還得以仁義爲目標和根本價值評判標準。

總而言之，自其理想的形態而言，君子人格的成就，當然也要達到「和」，因而必然要以適恰的方法爲依託，而在孟子看來，根本之方乃是循「中道」，以內心自覺地志於道爲鍛鑄理想人格的正途；可以這麼說，正是由于堅持「中道」，進而人心自得於道，所以，在情感上才能達到安寧，在意志上才能不斷堅定，在實踐過程和效果上才能「左右逢其原」。如若忽視或無視「中道」的德性之旨，過於強化「和」──「左右逢其原」的形式意義，那麼，極易走向「異端」──「鄉愿」，而這正是孟子所竭力聲討的，因爲在他看來，雖然自其外在表現而言，「鄉愿」與「中道」貌似同一或「攣生」，但是，實際上兩者是有本質性差異的，而無庸諱言的是，此處所謂的「本質」，乃是指德性。

〔註8〕《孟子·離婁下》

第二節 「德之賊」──「鄉愿」的實質

至於「鄉愿」，在孟子之先，孔子便已對之定了性，「鄉原，德之賊也。」[註9] 顯然，並沒有對它做出具體的描述，而是側重於自道德層面上否定其意義，即「鄉愿」在實質上違逆了德性，對道德具有極為嚴重的破壞力，這是孔子對「鄉愿」的基本態度。也正是基於此，在德性及其踐行的問題上，孔子進而要求保持個體在世俗面前的相對獨立性，「眾惡之，必察焉；眾好之，必察焉。」[註10] 「察」顯然是自德性出發，對「眾惡」和「眾好」作價值上的再反思，這正是嚴防落入「鄉愿」的必需之「智」。孟子在孔子相關立場的基礎上，對「鄉愿」作了更為細緻、深入的考察，在揭示其本質的同時，更是作了猛烈的抨擊。

> 闍然媚於世也者，是鄉原也。……非之無舉也，刺之無刺也，同乎流俗，合乎污世，居之似忠信，行之似廉潔，眾皆悅之，自以為是，而不可與入堯舜之道，故曰「德之賊」也。……惡鄉原，恐其亂德也。君子反經而已矣。經正，則庶民興；庶民興，斯無邪慝矣。[註11]

孟子由「鄉愿」的表現揭露其本質，顯然比孔子少了些許的獨斷色彩，但與孔子一樣，他也是落實在揭示「鄉愿」的悖德性，及其對於德性的消極意義，並因而凸出「中道」的實質及其價值。換而言之，孟子將「鄉愿」視為一種媚世（俗）的形態，與「中道」的以德性匡範現實相比，前者純然關注於世，並以合於世為終極指向，與此相應，道德則成了服務於媚世目的的手段，這是根本上背棄孟子道德哲學的核心立場的。

在過程和外在表現上，「鄉愿」往往顯得非常圓滑，因為自身沒有一定的秉持，所以非之而無據，由於沒有任何棱角，所以批之而無著手處。「孟子言鄉原之人能匿蔽其惡，非之無可舉者，刺之無可刺者，志同於流俗之人，行合於污亂之世。」[註12] 此處所引，鮮明地指出了「鄉愿」現象背後的隱惡本質，「鄉愿」之人往往執著於不與世俗相衝突，所以，更多地要求自己的外

[註 9] 《論語・陽貨》

[註 10] 《論語・衛靈公》

[註 11] 《孟子・盡心下》

[註 12] 〔漢〕趙岐注、〔宋〕孫奭疏：《孟子注疏》，《十三經注疏》，北京：北京大學出版社 1999 年版，第 406 頁。

在行為於世無過，甚至為此而故意為己之惡開脫，這是與孟子「中道」的原旨不相符的（註13）。毋寧說，「鄉愿」的「尚同」色彩，尤其是圓滑地「同於流俗」，使「中道」的「剛」性訴求化為泡影，「尚同一說，最為淺陋。天下之理但當論是非，豈當論同異？……夫子之惡鄉愿，論孟中皆見之。」（註14）陸九淵對「鄉愿」之「尚同」的批判，是中肯且切中要害的，單純地於世俗中「尚同」，只是自外在追求表現上的和諧，這是以犧牲對是非的明辨為代價的，從而導致以是非分明為惡。亦如黃宗羲所指出的，「夫子只要改過，鄉愿只要無過。」（註15）「鄉愿」自外表上文過飾非，以外在的、形式的無過為行事目標，很容易陷入價值上的虛無；而與之正相反對，孟子的「中道」以明辨是非為前提，要求正視「過」，並以改過、責善作為成人及其道德修養的必要內容，即便是聖人，也不能例外。

自其出發點和結果而言，「鄉愿」亦是要達到人格的完美狀態，它所表現出的對世俗的屈從，在一定意義上，體現了個體對自身在群之中恰當位置的關注，也希望能夠做一個在世的「聖人」，只是採取了自外在之俗向內在之德推進的路向，因而注定將以俗為德。朱熹曾明確地指出，「鄉原不狂不獧，人皆以為善，有似乎中道而實非也，故恐其亂德。」（註16）他對「鄉愿」亂德的批判，是對孟子相關立場較為貼切的解讀，只是在「和」的形式上，「鄉愿」與「中道」相似，但「鄉愿」之「和」實際上是基於俗的，亦即試圖追求「和」，卻又陷於作為一「端」的世俗，道德的意義也相應地消隱了。也正是由於兩者的形似性，「鄉愿」往往披著「中道」的外衣，以行「鄉愿」之事，從而達到同於俗的目標，這些都是對「中道」甚為有害的，也是為孟子「中道」精神所不容的。若是一言以概「鄉愿」的結果，便是「鄉原惑眾，似有德也。」

〔註13〕 《易傳》也對求同於世的思想作出了批判，其文本中指出，「為易乎世，不成乎名。遯世無悶，不見是而無悶。樂則行之，憂則違之。確乎其不可拔。」（《文言》）迎合世道，往往是喪失仁德的表現，在世道與仁德之間，較合理的態度應該是，對前者的正視應當以恪守後者為前提，後者必須貫徹並體現於前者之中，否則，便是「鄉愿」；如此方能在明辨「中道」與「鄉愿」基礎上，以「中道」糾正甚至代替「鄉愿」。

〔註14〕 〔宋〕陸九淵：《與薛象先》，《陸九淵集》（卷十三），北京：中華書局 1980年版，第 177 頁。

〔註15〕 〔清〕黃宗羲：《明儒學案·江右王門學案二》，北京：中華書局 1985 年版，第 383 頁。

〔註16〕 〔宋〕朱熹：《四書章句集注》，北京：中華書局 1983 年版，第 376 頁。

〔註 17〕「鄉愿」全然「不作好惡」〔註 18〕，能夠帶給人們以忠信、廉潔的假象，故而「眾皆悅之」，但實質上無異於欺世盜名，這也是爲孟子所認識到的。「鄉愿」爲世俗所累，碌碌於以「在外者」的形態出現的名和利等，相當程度上能夠得到民眾的認同，但最終有損於德性及其在社會實踐中的展開，對社會的發展也有極深遠的阻礙作用，顯然是與「中道」所追求的目標相左的。

自其精神實質而言，同流而合污，圓滑的品性……，這些所表明的是，當面對實際問題時，缺乏所必需的道德「剛」性，在現實與德性理想之間劃上等號，將是否融於現實作爲價值評判的核心內容，而仁義之本，則相應地消失了。「鄉愿惟以媚世爲心，全體精神盡從外面照管，故自以爲是而不可與入堯、舜之道。」〔註 19〕此論意在揭示「鄉愿」的本質，「自以爲是」乃是一種道德上的麻木，然而，這樣的麻木卻又並非盲目的，而更多地是主體主動趨近於非道德，是人在道德層面的異化，即是追求外在於人自身的因素的必然結果。換句話說，在行爲的價值問題上的是非不定，誠然表明缺乏對問題之是非的洞察，但更意味著德性層面的價值標準的喪失，從而導致價值評判及價值提升過程的消逝，而這些都源於作爲德性主體的人的「自暴」與「自棄」。質言之，道德的虛幻化和非道德因素的膨脹，是「鄉愿」所內含的兩個方面，若是做更深入的拷問，那麼，對於「鄉愿」的產生及其消極影響，前者應比後者承擔更爲實質的責任。

於此不妨作一小結，從孟子對「鄉愿」的批判中，不難看出的是，無論

〔註17〕 〔漢〕趙岐注、〔宋〕孫奭疏：《孟子注疏》，《十三經注疏》，北京：北京大學出版社 1999 年版，第 406 頁。黃宗羲認爲，「學莫嚴於似是之辨……孟子於鄉愿謂之曰『似』。」（〔清〕黃宗羲：《明儒學案·南中王門學案二》，北京：中華書局 1985 年版，第 613 頁）在他看來，孟子正確地指出了「鄉愿」與「中道」之間的關係，兩者只是相似而已，這顯然是基於對「居之似忠信，行之似廉潔」的深刻理解之上的。

〔註18〕 眾所周知的是，王陽明認爲，聖人是不作好惡的，但是，「不作好惡，非是全無好惡，卻是無知覺的人。謂之不作者，只是好惡一循於理，不去又著一分意思。」（〔明〕王陽明：《王陽明全集》，上海：上海古籍出版社 1992 年版，第 29 頁）以「無善無惡」描述聖人的品格特徵，並不意味著聖人就沒有道德秉持的「好好先生」，相反，不作好惡所排除的是肆意的好惡，因爲純粹的個人好惡往往是與隨意性相聯繫的，王陽明強調「一循於理」，實際上也就是對道德原則的突出，這與「中道」之旨是一致的。

〔註19〕 〔清〕黃宗羲：《明儒學案·浙中王門學案二》，北京：中華書局 1985 年版，第 241 頁。

是具體的過程，還是目的和結果，「鄉愿」並非同於「中道」，相反，兩者之間是「天地懸隔」的。「中道」固然突出「權」「時」等的意義，但是在根本上，以仁義為核心的德性卻是「中道」的紅線，經始終是作為權背後的隱形支撐而存在的，對「時」的突出，更是以在特定境遇下的是則是之、非則非之為特徵的。而從理想人格的塑造而言，「中道」意義上的聖人之所以為聖人，其核心則在於，能始終自內在精神命脈上秉持德性，縱然以積極的姿態，力圖與外界相接，但卻能不為「在外者」所轉換或同化。與「中道」相反，「鄉愿」固然也強調「權」「時」等具有靈活性特徵的內容，但是，它不是以仁義作為根本的價值取向，而是以媚世為唯一目的：「鄉愿」過於關注權及其意義，將經納入了與之絕對對立的另一面，因而最終變成沒有任何操守的形態；它將「時」視為一種絕對流變的內容，那麼，最好的應「時」方式，便是徹底地合於「流」，是與非、好與惡的界限也因此被消弭了，以致最終沒有任何界限。在此意義上，最能同於世、流於俗的人，便被視為聖人的理想形態，德性就相應地被湮滅了。

在明析「鄉愿」與「中道」兩者的質異性的前提下，如何採取合理的態度和方法對待前者，便成為問題的關鍵之所在。如前所述，「中道」於經和權之間對「度」的關注和恪守，從而使得「中道」具有更為現實的品格，但另一方面，經和權之間「度」的模糊或缺失，是「鄉愿」產生並存在的極為重要的導因，所以，馮友蘭對「鄉愿」的如下評述，是能夠成理的，「（至於）『鄉愿』，雖然貌似『中行』，但永遠不能成為『中行』。因為他已經失掉了成為『中行』的素質了。」〔註20〕就其實質和存在形態而言，「鄉愿」與「中道」乃是涇渭分明的，這也是孟子所強調的。基於此，若是要排除「鄉愿」及其惡劣影響，就必須糾正在「鄉愿」中被扭曲的經權關係，而以孟子的立場觀之，其中之焦點就是「反經」，即將仁義重新置於根本地位，重塑主體人格的獨立性，促使德性主體「由仁義行」，使得「中道」的形態得以全整。當然，需要注意的是，這裡雖然突出要求「反經」，但是，並不意味著「反經」與「行權」之間是截然分開而不可溝通的，相反，「反經」意在糾「鄉愿」過於重「權」之偏，它也必然融有「行權」的意向，否則，「反經」也是缺乏完整性的，容易走向絕對主義，與此相應，在孟子看來，「行權」必須內涵著「反經」，這樣方可避免「行權」成為純形式化的內容，清除「鄉愿」得以滋生的土壤。

〔註20〕馮友蘭：《中國哲學史新編》（上），北京：人民出版社1998年版，第165頁。

　　至此，可以這麼說，鑒於「鄉愿」的一味「行權」，以致離經叛道，孟子強調「反經」，然而，又必須防止另一種傾向，即僅僅因爲這樣的強調，就在「反經」與「行權」之間強行設置一條鴻溝，這種否認「反經」與「行權」具有共時性的傾向，顯然是有悖於「中道」精神的。更爲值得注意的是，如若將「反經」與「行權」簡單地對立起來，很容易將孟子的「中道」視爲「鄉愿」，因爲若是撇開「行權」背後的「反經」，那麼，會誤以爲孟子只是在理論上強調「反經」，而實際展開中卻更多地關注於「行權」的方面，尤其是他對因「時」而權的強調，及對「和」的重視，一定意義上都是對相對性的突出；換句話說，在「反經」與「行權」之間所作的切割，很容易導致認識上的偏誤，這正是爲孟子所清醒意識到的，而認爲孟子的「中道」是「鄉愿」的那些觀點，往往也肯定孟子的相關哲學精神，只是他們的這種肯定，又無視「反經」與「行權」所具有的統一性，因而孟子便相應地成了「鄉愿」的典型代表之一。

　　總之，基於「中道」的根本立場，孟子是明確地反對「鄉愿」的，只要自孟子哲學的本旨去考察，這一點是應該得到承認的。當然，「中道」本就因「權」「時」等，而具有相當的靈活性，再加上孟子在相關內容上的論說也相當複雜，所以，很多內容如若脫離相應的語境，在理解上是很容易背離孟子本意的。毋寧說，既然是與「中道」相似的形態，那麼，有關「鄉愿」的問題，並不會因爲孟子的反對而變得簡單，相反，如果誤解或無視「中道」所蘊涵的豐富的道德內容，簡單地關注於「中道」在表現上的「和」，無疑又會因兩者形式上的相似性，進而將孟子視野中的「中道」，也當作與「鄉愿」並無二致的內容。雖然這樣的認識偏差具有一定的不可避免性，但是，對於孟子「中道」思想自身而言，顯然是有失公允的；因此，在揭示並批判「鄉愿」的基礎上，凸顯「中道」的本質及其價值，是全面、合理地理解孟子「中道」思想所必需的。

餘　論

　　孟子致力於發展儒家思想，從而帶來儒學在理論上的重大突破，但是，突破所意味的，並不是自本根上有悖於儒家思想的基本精神，恰恰相反，這些突破的前提乃是繼承，不管是其性善論的主張，還是價值關係上的立場，乃至王道的理想，都是於承續中獲得發展的；相對而言，在重視理論延續對理論突破的意義這一層面，孟子的自覺意識比荀子表現得較爲明顯，也因此鑄就了兩者在儒學史上的不同地位。若是更明確地說，理論的延續和突破，反應的也是理想與現實間的張力，以及協理這一張力的努力。在現實與理想的巨大反差之下，孟子依憑其敏銳的批判視野，在反思歷史的基礎上審視現實，以儒家的核心價值爲其基本理念，並加以進一步的完善與發展，正是通過鋪展儒學主張、構建社會理想，因而成就了先秦儒學極重要的形態——甚至被直接稱爲孟學。

　　在孟子繼承與發展儒學的努力中，「中道」則是他的思維路向和基本方法〔註1〕，更是儒學宏旨下的價值訴求〔註2〕。它既是繼承其前有關「中庸」（或

〔註 1〕 就孟子的思維方式而言，黃俊傑認爲，「孟子的思想有其文化史的背景作爲憑藉，孟子的思維方式有兩大特徵：第一是『具體性思維方式』。孟子對抽象原理的思考在形象思維的脈絡中進行。孟子常常將人的存在及其活動，置於具體而特殊的時空情境中加以思考，因此，人的『歷史性』在孟子的思維世界中就特別爲之突顯。第二則是『聯繫性思維方式』。孟子強調人的生命絕不是單面向的存在，人的現實生命有其超越的依據。在自然世界與人文世界之間，在大宇宙與小宇宙之間，在個人的身體與道德心之間，在群體與個體之間，都構成存有的聯繫。」（黃俊傑：《中國孟學詮釋史論》，北京：社會科學文獻出版社 2004 年版，第 36～37 頁）黃俊傑所指出的兩個方面，乃是有見於孟子哲學思維的特殊之處的，對於理解「中道」，尤其是其方法論層面的意義，也具有積極的價值。

「中」）思想的產物，同時，亦被賦予了孟子所處時代的精神內涵，彰顯了他自身獨特的哲學氣質；它既體現了孟子哲學的內在理路，另一方面，也是構成孟子理想的核心要素，而這兩個方面又是相得益彰的。抑或可以如是說，在孟子哲學中，「中道」無疑具有方法論層面的意義，是實現和評判仁義之德的相當重要的力量，與此相應，它便獲得了一定的工具或手段的價值，是德性籌劃及其現實展開所不能缺少的，也是努力踐行王道理想的必要徑路；但是應該凸出的是，「中道」也不乏本體論的意向，它是仁義之德的重要內容，以切中於「道」為深層所指，表明它本身即意味著倫理之道，縱然是自其展開而言，也是德性本體在一定方法下恰到好處的貫徹和體現。故而不妨說，「中道」亦是即方法即本體的，方法表彰著本體，是內涵德性及其訴求的方法，而本體寓於方法之中，是滲入德行之域的本體，也正是在此意義上，「中道」與仁義乃是具有同構性的內容。

若是更具體地就「中道」所包蘊的德性精神及其特點而言，那麼，在孟子看來，仁義之道首先是具有其先驗性的，但與此同時，又必須融貫於現實

〔註 2〕 於此，不妨對本文的構思進路和布局，作一扼要的說明。首先，「『中道』與有關『中』的思想」部分，概論「中道」思想在孟子哲學中的地位，及其先有關「中庸」（或「中」「時」「和」）的思想，意在經由歷史維度的考察，揭示「中道」思想的淵源。其次，「『中道』的意義」部分，自闡明「中」的意義、「時」的意義入手，並通過對經權關係這一總則的左右論說，力圖明析「中道」的內涵；「不為」的主張，在一定意義上，為「中道」的具體展開提示了積極的路向，也屬於總體上構成「中道」內涵的內容。再次，性善的主張與德行中的價值關係，及王道的理想，作為孟子哲學的重要內容，都滲透並體現著「中道」及其追求，所以，「『中道』與性善」「『中道』與德行」「『中道』與王道」這三部分，側重解析「中道」在孟子哲學理論中的具體展開，試圖從中透視「中道」的哲學意義；如果說「『中道』的意義」部分較多地是自平面分析，那麼，「『中道』與性善」「『中道』與德行」和「『中道』與王道」三個部分，則更多地是以立體的視角，相對具體地展現「中道」的意義，即前者所揭示的「中道」內涵，是後三者內容的本體依據，而後三者內容對「中道」精神的貫徹，是前者在工夫層面的展開。最後，「『中道』的德性依據和標準」部分，對「中道」在仁義和天人合一層面的追求，作一集中、深入的論析，而「『鄉愿』：形似質異的形態」部分，在指出「中道」於「和」的意義上的表現及其目標所向的基礎上，著力揭露「鄉愿」與「中道」在質上的差異，這兩部分都對更合理地理解「中道」的意義，有著相當重要的價值，因而，也相應地成了本文的必要內容。總之，本文的構思力求緊密圍繞「中道」展開，當然，由於孟子哲學自身的特色，所以，對「中道」及其意義的挖掘，便無法離開對孟子哲學理論中相關內容的詳細、深徹的考察，於具體內容的考察中揭示「中道」的意義，這也是本文構思的重要出發點。

德行過程，因而是既超驗又經驗、即現實而超現實的；正是其視野內「道」的這種二重性，使得「中道」相應地具有了形上與形下的雙重品格。孟子之強調「中道而立，能者從之」〔註3〕，固然重在突出「道」於價值目標層面的意義，也突顯了「中道」的理想性，然而，誠若朱熹所指出的，孟子也是強調「君子教人，但授以學之之法，而不告以得之之妙。」〔註4〕在「人」（他人）合於「道」這一點上，有德的君子是能夠有所作為的，但並非於「道」自身有所作為，而是落實在較為細節的「教」的方法上；促使人努力依「道」而行，便是「教」的重要組成部分，至於「教」的目標，則是使人不斷地趨近於「中道」。

毋寧說，作為道德倫理基本價值目標的「道」，不會因一些具體方法層面內容的改變而移易，即自根本上合於「道」，乃「中道」思想的核心意旨，這一點是不容計較或權衡的，也正是「不告以得之之妙」的緣由所在。不過，「中道」並不排除具體方法上的可融通性，在恪守形上之「道」的前提下，可以在現實行動的展開上留有一定的餘地，從而避免像墨子那樣直接將行動的目的等同於手段。這兩方面都體現於孟子哲學的具體內容之中，可見，「中道」本身乃是對價值目標與現實踐履兩者張力的一種正視，只有做到「中道而立」，才能既不因「道」的超拔性，而使人產生畏難情緒，也不因「道」的現實意義，而湮滅其所本有的道德價值。所以，「中道」所追求的是，理想性與現實性的溝通、目的性與手段性的統一、原則性與靈活性的互動，缺少其中的任何一方面，終將使「道」喪失其整全形態和積極意蘊。

《易傳》裏的「時中」思想，毫無疑問，也是「中庸」的具體形態之一，是在繼承《易經》對「時」的關注的基礎上，並對之作了進一步的發展，而這些內容較多地集中於《彖》、《象》及《繫辭》中。當然，相對而言，其中的「時中」思想，也是對孟子「中道」思想的發展，但是，與孟子自人之性命中尋找善的根據不同，《易傳》更強調外在於人的天對人所具有的意義，因而，「時中」在一定程度上也烙上了顯明的形上印記。「『蒙』亨，以亨行時中也。」〔註5〕突出切合時宜的重要性，只有如此，才是真正地貫徹並體現了「中」；也就是說，人的活動必須與其所處的現實境遇相契合，並進而在與具

〔註3〕《孟子‧盡心上》
〔註4〕〔宋〕朱熹：《四書章句集注》，北京：中華書局1983年版，第362頁。
〔註5〕《易傳‧蒙‧彖》

體境遇的互動中展現自我，這便是「時中」的積極意義所在。可以這樣說，在《易傳》中有著大量的關於「時」的內容，而它們的共同旨趣則指向「與時偕行」，在對「時」的正視和恪守中展開「行」，並進而於「行」中彰顯人的價值。至於「時中」的最終目標，則是「各正性命，保合太和」〔註6〕，顯然，它也是主張達到「中」的最高境界——「和」，這與其先的「中庸」（「中道」）思想是一致的。概言之，《易傳》中的「中庸」思想，是以天人之際為其焦點的，側重自認識論和宇宙論的層面進行展開，雖然突出具體境遇中具體之行的「時中」特性及其要求，但是，它又並非是就具體問題展開的具體論述，相反，與《中庸》相類似，《易傳》更多地是在具有普遍意義的視野中做出相關論述的。

孟子視「禮」為「四端」之一，更為重要的是，在一定意義上，他還將之視為「中道」展開的形式層面上的內容。儒學發展史上，這一點在以仁、禮相並舉的荀子那裡，也得到了相應的貫徹，從而使「中庸」（「中道」）也獲得了進一步的發展。在基本理論的層面上，荀子也突出禮義的價值，但是所不同的是，孟子強調內在於並發自於德性自我的禮義，而荀子視野中的禮義，更多地是指外在的踐行意義上的規範或準則，作為主體的人的內在德性的提升，則必須依賴於外在道德規範的內斂過程。在他看來，禮義就是「中」，「曷謂中？曰：禮義是也。」〔註7〕因而便更多地將「中」作為方法以視之，而這又集中於其「解蔽」的方法要求，「凡人之患，蔽於一曲，而闇於大理。」〔註8〕如果僅僅偏執於一方面，那麼就會無法全面地認識「理」，因此，「兼陳萬物而中縣衡焉，是故眾異不得相蔽以亂其倫也。」〔註9〕明確地點出了「解蔽」的根本方法，它構成了荀子視野中「中庸」的關鍵部分。當然，這一「中庸」路向的目標所指，則是其所謂的「理」，「言必當理，事必當務，是然後君子之所長也。凡事行，有益於理者立之，無

〔註6〕《易傳・乾・彖》
〔註7〕《荀子・儒效》
〔註8〕《荀子・解蔽》
〔註9〕《荀子・解蔽》。而具體的例證，則如荀子所言，「凡人之患，偏傷之也。見其可欲也，則不慮其可惡者也；見其可利也，則不顧其可害也者。是以動則必陷，為則必辱，是偏傷之患也。」（《荀子・不苟》）在面對事物的方方面面時，必須採取兼及而權衡的方法，顯然是注意到了整體中各部分間的相反相成的關係，及其對於整體發展的重要意義，認識和方法上的突出，所蘊涵的是積極的現實價值。

益於理者廢之。夫是之謂中事。凡知說，有益於理者爲之，無益於理者舍之，夫是之謂中說。」〔註10〕可以這麼說，於方法中透露出「中」的價值追求，正切中了「中庸」的一貫本旨，而在方法的層面上作更深入的探析，則又是荀子「中」的思想的特色所在。

　　宋明儒學是儒學發展史上極爲重要的階段〔註11〕，而它對「中庸」的探討與發展，也更爲側重於義理的層面，不論是理學，還是心學，這一傾向是共同的。宋明儒學的這種義理分析，對深入理解孟子「中道」的思想，無疑也是有其積極意義的，本文中所引的大量宋明儒學家的論點，也於無形中證明了此點。當然，作爲對其時諸多儒學家的思想的統稱，宋明儒學所涵蓋的對象與內容是多樣和複雜的，但是，作爲一種整體形態，宋明儒學家往往都自覺繼承孔、孟思想的精神實質，不離聖人之道以談「中庸」（「中道」），比如，「欲求聖人之道，必於其變。所謂變者何也？蓋盡中道者，聖人也；而中道不足以盡，聖人故必觀於變。」〔註12〕「聖人只是一個中底道理」〔註13〕……，都意在表明的是，「中道」是聖人所必具的品質，也是成聖的必然之途，亦即是說，如若不能「中道」，那麼就不會成就聖人，一定意義上，聖人與「中道」是名異而質同的內容。當然，誠如上述所言明的，在具體的致思路向上，宋明儒學家卻又並未照套孔、孟，而是側重於挖掘「中庸」的微言大義，他們對「未發」和「已發」及其關係的深入探討，圍繞著對「誠」的左右論說，展開對性與天道及關係的闡發，以及在契合「中庸」的修養與實踐方法上的不同主張，等等，都是宋明儒學對「中庸」（「中道」）思想的積極

〔註10〕　《荀子・儒效》

〔註11〕　無法否認的是，在宋明儒學之前，漢儒對儒學的貢獻也是相當重要的，尤其是對儒學在先秦之後的延續和壯大，他們起到了巨大的作用。然而，較多地受陰陽五行思想影響的漢儒，使儒學取得正統地位的同時，也有將之過於意識形態化的傾向，相對而言，與宋明儒學在哲學理論上的建樹比較，漢儒顯然是較爲遜色的。若是具體到「中庸」（「中道」），漢儒當然有一定的闡發，包括董仲舒、陸賈、揚雄等，對相關的問題都有論述，其中也不乏獨到之處。這方面的具體考察，可參看董根洪《儒家中和哲學通論》的「漢唐陰陽中和哲學」部分，於此不再作更進一步的展開。

〔註12〕　〔清〕黃宗羲：《宋元學案・安定學案》，北京：中華書局 1986 年版，第 38頁。

〔註13〕　〔宋〕朱熹：《朱子語類》（卷九十七），北京：中華書局 1994 年版，第 2494頁。

貢獻。限於相關內容的龐雜性〔註14〕，此不宜贅言，但是必須補充指出的是，宋明儒學對「中庸」思想在義理層面所做的深挖，也甚有其偏頗之處，而這些又成爲後學指斥「中庸」思想的重要口實。

至於「中庸」（「中道」）在中國近現代思想史上的遭遇，那無疑也是值得深刻反省的問題。眾所周知的是，近代以降，本該是思想或理念形態的「中庸」（「中道」），更多地被當作是一種統治之術，並且，這樣的「術」所造成的歷史影響是極其惡劣的；與此相伴生的，則是不再將「中庸」作爲具有建設性意義的理論因素，而是更多地將之視爲一種反動形態。另一方面，對「中庸」（「中道」）的這種定位，也是與特定的歷史相聯繫的，尤其是客觀上的東西方落差，自理智的層面，增強了國人對西方文化的認同，而對以儒學爲代表的中國文化，僅抱以同情的心態，如果一旦對儒學及其影響表現出失望的情緒，那麼，儒學必然又進而成爲被批判的對象，「中庸」（「中道」）當然也不能幸免，而這種批判自然也並非學理層面上的。不妨這樣說，近代以來所上演的反「中庸」思潮，更多地是基於社會發展過程中的表層事實，缺少了對「中庸」自身的義理分析，也沒有能夠正視「中庸」（「中道」）與「鄉愿」兩者間的區分〔註15〕；換而言之，揭露「中庸」在社會實踐中所帶來的問題，本無可厚非，但是，這樣的一種揭露本身卻又必須是合理、合宜的。而隨著馬克思主義的傳播，尤其是國人對馬克思主義理解的更加深入，對唯物辯證

〔註14〕有關宋明儒學的具體內容，一方面，固然可以通過閱讀原典，對之加以詳細理解，另一方面，也可以通過相關論著，以窺其概貌。陳來的《宋明理學》、張立文的《宋明理學研究》、楊國榮的《王學通論——從王陽明到熊十力》等，便對宋明儒學進行了相對深入、透徹的分析，自他們的解讀與剖析中，也可見宋明儒學對「中庸」的自覺發展；譚宇權在《中庸哲學研究》的「論《中庸》與宋明理學關係」部分中，用三節分別論《中庸》與二程、朱熹、王陽明相關思想的關係，而董根洪在其《儒家中和哲學通論》中，也用了三大章的篇幅，專門對「中庸」在宋明儒學那裡的具體展開，進行了個案式的分析，在一定意義上，對我們理解宋明儒學對「中庸」發展的貢獻，都是有啓發價值的。

〔註15〕魯迅先生曾對「中庸」作了如下的批判，「遇見強者，不敢反抗，便以『中庸』這些話來粉飾，聊以自慰。」（魯迅：《華蓋集・通訊》，北京：人民文學出版社 1982 年版）有見於「中庸」可能淪爲「鄉愿」，這是此論的出發點，也是魯迅爲認識「中庸」所提供的具有借鑒意義的視野；但是，把可能性傾向與現實相等同，那麼，無異於以「鄉愿」爲「中庸」，這是儒學眞精神所不容的，因此可以這樣說，魯迅先生所批判的「中庸」，自其本質而言，乃正是儒家所反對的「鄉愿」。

思想認識的進一步科學化，「中庸」又被重新作爲哲學範疇加以考察〔註16〕，從而使得深入挖掘「中庸」（「中道」）的深意成爲可能。

〔註16〕 毛澤東同志也曾說，「孔子的中庸觀念是孔子的一大發現，一大功績，是哲學的重大範疇，值得很好的解釋一番。」（《毛澤東書信選集》，北京：人民出版社1984年版，第147頁）顯然，也是要求以客觀公正的態度、實事求是的精神、唯物辯證的進路，合理地看待、分析「中庸」，還它以哲學形態的本來面目。

參考文獻

一

1. 《十三經注疏》，李學勤主編，北京：北京大學出版社，1999 年版。

2. 《諸子集成》，上海：上海書店出版社，1986 年版。

3. 《詩經譯注》，周振甫譯注，北京：中華書局，2002 年版。

4. 《國語集解》，徐元誥撰，王樹民、沈長雲點校，北京：中華書局，2002 年版。

5. 〔春秋〕左丘明：《左傳》，蔣冀騁點校，長沙：嶽麓書社，2006 年版。

6. 《老子注譯及評介》，陳鼓應注譯，北京：中華書局，1984 年版。

7. 《帛書老子校注》，高明撰，北京：中華書局，1996 年版。

8. 〔戰國〕墨翟：《墨子》，上海：上海古籍出版社，1989 年版。

9. 《論語集釋》，程樹德釋，北京：中華書局，1990 年版。

10. 《論語譯注》，楊伯峻譯注，北京：中華書局，1980 年版。

11. 《禮記譯注》，楊天宇譯注，上海：上海古籍出版社，1997 年版。

12. 《孔叢子 曾子全書 子思子全書》，上海：上海古籍出版社，1990 年版。

13. 《郭店楚墓竹簡》，荊門市博物館編，北京：文物出版社，1998 年版。

14. 《孟子譯注》，楊伯峻譯注，北京：中華書局，2005 年版。

15. 《孟子正義》，〔清〕焦循正義，北京：中華書局，1987 年版。

16. 《莊子集解》，王先謙集解，北京：中華書局，1987 年版。

17. 《周易譯注》，周振甫譯注，北京：中華書局，2001 年版。

18. 《荀子集解》，〔清〕王先謙集解，北京：中華書局，1988 年版。

19. 〔漢〕司馬遷：《史記》，〔宋〕裴駰集解，〔唐〕司馬貞索隱，〔唐〕張守節正義，北京：中華書局，1982 年版。

20.《新書校注》，閻振益、鍾夏校注，北京：中華書局，2007 年版。

21.〔唐〕韓愈：《韓愈全集》，錢仲聯、馬茂元校點，上海：上海古籍出版社，1997 年版。

22.〔宋〕張載：《張載集》，北京：中華書局，1978 年版。

23.〔宋〕程顥、程頤：《二程集》，王孝魚點校，北京：中華書局，2004 年版。

24.〔宋〕楊簡：《楊氏易傳》，上海：上海古籍出版社，1990 年版。

25.〔宋〕陸九淵：《陸九淵集》，鍾哲點校，北京：中華書局，1980 年版。

26.〔宋〕朱熹：《四書章句集注》，北京：中華書局，1983 年版。

27.《朱子語類》，〔宋〕黎靖德編，王星賢點校，北京：中華書局，1994 年版。

28.〔明〕王陽明：《王陽明全集》，吳光、錢明、董平、姚延福編校，上海：上海古籍出版社，1992 年版。

29.〔明〕宋濂等：《元史》，北京：中華書局，1974 年版。

30.〔明〕王夫之：《船山全書》，《船山全書》編輯委員會編校，長沙：嶽麓書社，1988 年版。

31.〔明〕蔡清：《四書蒙引》，文淵閣四庫全書本。

32.〔明〕李贄：《焚書》，北京：中華書局，1975 年版。

33.〔清〕黃宗羲：《宋元學案》，〔清〕全祖望補修，陳金生、梁運華點校，北京：中華書局，1986 年版。

34.〔清〕黃宗羲：《明儒學案》，沈芝盈點校，北京：中華書局，1985 年版。

35.〔清〕黃宗羲：《黃宗羲全集》，沈善洪主編，杭州：浙江古籍出版社，1985 年版。

36.〔清〕戴震：《孟子字義疏證》，何文光整理，北京：中華書局，1982 年版。

37.《梁啓超全集》，張品興主編，北京：北京出版社，1999 年版。

二

1. 陳來：《宋明理學》，瀋陽：遼寧教育出版社，1991 年版。

2. 陳來：《有無之境——王陽明哲學的精神》，北京：人民出版社，1991 年版。

3. 陳滿銘：《中庸思想研究》，臺北：文津出版社，1980 年版。

4. 陳榮捷編著：《中國哲學文獻選編》，南京：江蘇教育出版社，2006 年版。

5. 陳贇：《中庸的思想》，北京：三聯書店，2007 年版。

6. 成中英：《合外內之道——儒家哲學論》，北京：中國社會科學出版社，2001 年版。

7. 戴兆國：《心性與德性——孟子倫理思想的現代闡釋》，合肥：安徽人民出版社，2005 年版。

8. 董根洪：《儒家中和哲學通論》，濟南：齊魯書社，2001 年版。

9. 杜維明：《〈中庸〉洞見》（中英文對照本），段德智譯，北京：人民出版社，2008 年版。

10. 馮友蘭：《中國哲學簡史》，天津：天津社會科學院出版社，2007 年版。

11. 馮友蘭：《中國哲學史新編》，北京：人民出版社，1998 年版。

12. 馮契：《認識世界和認識自己》，上海：華東師範大學出版社，1996 年版。

13. 馮契：《中國古代哲學的邏輯發展》（上），上海：上海人民出版社，1983 年版。

14. 葛兆光：《中國思想史》，上海：復旦大學出版社，2001 年版。

15. 郭齊勇：《儒學與儒學史新論》，臺北：學生書局，2002 年版。

16. 郭沂：《郭店竹簡與先秦學術思想》，上海：上海教育出版社，2001 年版。

17. 胡適：《中國哲學史大綱》，北京：東方出版社，1996 年版。

18. 黃進興：《聖賢與聖徒》，北京：北京大學出版社，2005 年版。

19. 黃俊傑：《中國孟學詮釋史論》，北京：社會科學文獻出版社，2004 年版。

20. 姜廣輝主編：《郭店楚簡研究》（中國哲學第二十輯），瀋陽：遼寧教育出版社，2000 年版。

21. 勞思光：《新編中國哲學史》，桂林：廣西師範大學出版社，2005 年版。

22. 李零：《郭店楚簡校讀記》，北京：北京大學出版社，2002 年版。

23. 李明輝：《孟子重探》，臺北：聯經出版事業公司，2001 年版。

24. 李澤厚：《中國思想史論》，合肥：安徽文藝出版社，1999 年版。

25. 魯迅：《華蓋集》，北京：人民文學出版社，1982 年版。

26. 毛澤東：《毛澤東書信選集》，北京：人民出版社，1984 年版。

27. 蒙培元：《蒙培元講孟子》，北京：北京大學出版社，2006 年版。

28. 牟宗三：《從陸象山到劉蕺山》臺北：臺灣學生書局，1979 年版。

29. 牟宗三：《心體與性體》，臺北：正中書局，1969 年版。

30. 譚宇權：《中庸哲學研究》，臺北：文津出版社，1995 年版。

31. 童書業：《先秦七子思想研究》，北京：中華書局，2006 年版。

32. 韋政通：《中國思想史》，上海：上海書店出版社，2003 年版。

33. 徐復觀：《中國人性論史（先秦篇)》，上海：上海三聯書店，2001 年版。

34. 徐復觀：《儒家政治思想與民主自由人權》，臺北：臺灣學生書局，1979年版。

35. 楊國榮：《倫理與存在——道德哲學研究》，上海：上海人民出版社，2002年版。

36. 楊國榮：《孟子評傳——走向內聖之境》，南寧：廣西教育出版社，1994年版。

37. 楊國榮：《善的歷程——儒家價值體系研究》，上海：上海人民出版社，2006年版。

38. 楊國榮：《王學通論——從王陽明到熊十力》，上海：華東師範大學出版社，2003年版。

39. 楊澤波：《孟子評傳》，南京：南京大學出版社，1998年版。

40. 楊澤波：《孟子與中國文化》，貴陽：貴州人民出版社，2000年版。

41. 楊澤波：《孟子性善論研究》，北京：中國社會科學出版社，1995年版。

42. 楊祖漢：《儒家的心學傳統》，臺北：文津出版社，1992年版。

43. 翟廷晉：《孟子思想評析與探源》，上海：上海社會科學院出版社，1992年版。

44. 張岱年：《中國哲學大綱》，南京：江蘇教育出版社，2005年版。

45. 張立文主編：《和境——易學與中國文化》，北京：人民出版社，2005年版。

46. 張立文：《宋明理學研究》，北京：人民出版社，2002年版。

47. 張奇偉：《亞聖精蘊——孟子哲學真諦》，北京：人民出版社，1997年版。

48. 張世英：《天人之際——中西哲學的困惑與選擇》，北京：人民出版社，1995年版。

49. 張松輝、周曉露：《〈論語〉〈孟子〉疑義研究》，長沙：湖南大學出版社，2006年版。

三

1. 〔古希臘〕柏拉圖：《理想國》，郭斌和、張竹明譯，北京：商務印書館，1986年版。

2. 〔古希臘〕亞里士多德：《尼各馬科倫理學》，苗力田譯，北京：中國人民大學出版社，2003年版。

3. 〔英〕霍布斯：《利維坦》，黎思復、黎廷弼譯，北京：商務印書館，1996版。

4. 〔英〕休謨：《道德原則研究》，曹小平譯，北京：商務印書館，2001年版。

5. 〔英〕休謨：《人性論》，關文運譯，北京：商務印書館，1980 年版。

6. 〔英〕亞當・弗格森：《道德哲學研究》，孫飛宇、田耕譯，上海：上海人民出版社，2005 年版。

7. 〔法〕帕斯卡爾：《思想錄》，何兆武譯，北京：商務印書館，1985 年版。

8. 〔德〕康德：《實踐理性批判》，鄧曉芒譯，北京：人民出版社，2003 年版。

9. 〔德〕黑格爾：《歷史哲學》，王造時譯，上海：上海書店出版社，2001 年版。

10. 〔德〕馬克斯・韋伯：《新教倫理與資本主義精神》，於曉、陳維綱等譯，西安：陝西師範大學出版社，2006 年版。

11. 〔德〕恩斯特・卡西爾：《人論》，甘陽譯，上海：上海譯文出版社，2003 年版。

12. 〔美〕麥金太爾：《倫理學簡史》，龔群譯，北京：商務印書館，2004 年版。

13. 〔美〕麥金太爾：《追尋美德——倫理理論研究》，宋繼傑譯，南京：譯林出版社，2003 年版。

14. 〔美〕喬治・H・米德：《心靈、自我與社會》，趙月瑟譯，上海：上海譯文出版社，1992 年版。

15. 〔美〕江文思、安樂哲編：《孟子心性之學》，梁溪譯，北京：社會科學文獻出版社，2005 年版。

16. 〔美〕倪德衛：《儒家之道——中國哲學之探討》，南京：江蘇人民出版社，2006 年版。

17. 《馬克思恩格斯選集》，中共中央編譯局編譯，北京：人民出版社，1995 年版。

18. Alasdair Macintyre: After Virtue-A Study in Moral Theory. Notre Dame: University of Notre Dame Press, 1981.

19. Wade Baskin: Classics in Chinese Philosophy. New York: Philosophical Library, 1982.

20. Benjamin I. Schwartz: The World of Thought in Ancient China. Cambridge, Massachusetts and London: The Belknap Press of Harvard University Press, 1985.

21. Mencius, translated by D. C. Lau. Harmondsworth, Middlesex: Penguin Books Ltd, 1970.

後　記

　　不論以學生角色研習哲學，還是以老師角色講授哲學，皆必須循哲學之道前行，而兩角色之界分則在於，前者或多或少需被攙扶著走，後者更多地是自己摸索著走。故此，自研習哲學的學生向講授哲學的老師轉變，就是養成獨立走哲學之道的意識和能力的過程，於其中之要言，專業的哲學訓練最是不可或缺。如是只見，源於本人的小我所歷，畢竟在「搖身」而為講授哲學的老師前，十數年的哲學訓練有其再造之功，尤其是師從楊國榮先生的六年專業哲學訓練，更是在某種意義上構成本體前提。

　　鑒於此，以博士論文呈現的《孟子「中道」思想研究》，被我束於書櫥最下層，一則因其象徵義，畢竟它助我敲開教師職業之門，二則因其本質義，難以確數的奮鬥和辛勞，皆內蘊於其中，故而舉止上的束之，並非因廢而棄，恰是因愛而惜。今次決定付梓，多緣於兄長之側擊，深明惜而束之非良法，為之覓得比書櫥更佳的歸處，方是善果。當然，付梓前的必要完善，已使之面貌有變，但卻又遠未達至「全非」境地，相關完善還限於「術」的層面，並未過多觸及深邃的「道」，總體恪守變而不悖初旨的原則。

　　既然思緒因《孟子「中道」思想研究》而亢奮，那麼寫作過程便難免再次躍動於腦海：開題之時，就我論文寫作過程中需要注意的問題，業師楊國榮先生便從多個角度提出寶貴意見；每次審閱完我的稿子，楊老師總是提出一些相當具體的修改建議；整個過程中，楊老師再三提醒要避免內容上的平淡，協調好文章的邏輯結構，尤其是論文的言說方式問題，他的「平淡中見雋永」、「要別人滿意，首先得自己滿意」的告誡，給了我非常大的啟發和鞭笞。在楊老師的愛護和悉心指導下，完成論文寫作本身就是最大收穫，而為

我所覺之更大收穫則在於，無論理論涵養和思維進路，還是人格魅力和為人之方，自楊老師處所得者，乃是無法衡量的，它們都彙入了我的生命之流，今生受益不竭！

除了楊老師的攙扶，我循哲學之道前行的努力，當然還與諸多關心者不可分，他們或是從中助力，或是伴著我走，使我之前行更順當。在我求學之際，楊澤波老師、張汝倫老師、徐洪興老師、黎洪雷老師、高瑞泉老師、潘德榮老師、陳衛平老師等，要麼是在論文寫作過程，要麼是在評審或答辯環節，給予思路和內容等諸多方面的啟發，作為後生的我銘感於心。亦師亦兄的陳贇老師、成守勇老師更是近乎全程扶助，即便在我成為老師後，他們的關心和幫助也未有任何變化，而對他們的感激始終被我深藏，因為鑿實不知如何表達，尤為需要說明的是，拙著此版受助於成老師所主持的國家社會科學基金青年項目「傳統禮樂文化之精神與價值研究」（12CZX026），他本人通讀全文，並提出了寶貴修改意見。黃明理老師、朱曉鵬老師、金仁權老師等也多次予以無私幫助，特藉此機致以由衷謝意。玉用兄、可濤兄平日與我多有學術探討，本人從中獲益頗多，甚感與君交乃幸事。

於此還需特別提及的是，父母妻兒從各自角度賦予我不同的倫理角色，讓我覺得人生豐富多彩，因而存在的價值感不斷提升，幸福感倍增亦是情理中事。

最後，誠謝作為出版者的花木蘭文化出版社，特別是楊嘉樂老師和許郁翎老師慷慨相助，使定稿在質量上更好地得以保證，而杜潔祥總編輯就相關問題作專門說明，更是令人感佩不已。

董祥勇

2015 年 5 月 17 日 於水韻天成